FAIRBAIRN

Coleção Clínica Psicanalítica
Títulos publicados

1. **Perversão**
   Flávio Carvalho Ferraz
2. **Psicossomática**
   Rubens Marcelo Volich
3. **Emergências Psiquiátricas**
   Alexandra Sterian
4. **Borderline**
   Mauro Hegenberg
5. **Depressão**
   Daniel Delouya
6. **Paranoia**
   Renata Udler Cromberg
7. **Psicopatia**
   Sidney Kiyoshi Shine
8. **Problemáticas da Identidade Sexual**
   José Carlos Garcia
9. **Anomia**
   Marilucia Melo Meireles
10. **Distúrbios do Sono**
    Nayra Cesaro Penha Ganhito
11. **Neurose Traumática**
    Myriam Uchitel
12. **Autismo**
    Ana Elizabeth Cavalcanti
    Paulina Schmidtbauer Rocha
13. **Esquizofrenia**
    Alexandra Sterian
14. **Morte**
    Maria Elisa Pessoa Labaki
15. **Cena Incestuosa**
    Renata Udler Cromberg
16. **Fobia**
    Aline Camargo Gurfinkel
17. **Estresse**
    Maria Auxiliadora de A. C. Arantes
    Maria José Femenias Vieira
18. **Normopatia**
    Flávio Carvalho Ferraz
19. **Hipocondria**
    Rubens Marcelo Volich
20. **Epistemopatia**
    Daniel Delouya
21. **Tatuagem e Marcas Corporais**
    Ana Costa
22. **Corpo**
    Maria Helena Fernandes
23. **Adoção**
    Gina Khafif Levinzon
24. **Transtornos da Excreção**
    Marcia Porto Ferreira
25. **Psicoterapia Breve**
    Mauro Hegenberg
26. **Infertilidade e Reprodução Assistida**
    Marina Ribeiro
27. **Histeria**
    Silvia Leonor Alonso
    Mario Pablo Fuks
28. **Ressentimento**
    Maria Rita Kehl
29. **Demências**
    Delia Catullo Goldfarb
30. **Violência**
    Maria Laurinda Ribeiro de Souza
31. **Clínica da Exclusão**
    Maria Cristina Poli
32. **Disfunções Sexuais**
    Cassandra Pereira França

33. **Tempo e Ato na Perversão**
Flávio Carvalho Ferraz

34. **Transtornos Alimentares**
Maria Helena Fernandes

35. **Psicoterapia de Casal**
Purificacion Barcia Gomes
Ieda Porchat

36. **Consultas Terapêuticas**
Maria Ivone Accioly Lins

37. **Neurose Obsessiva**
Rubia Delorenzo

38. **Adolescência**
Tiago Corbisier Matheus

39. **Complexo de Édipo**
Nora B. Susmanscky de Miguelez

40. **Trama do Olhar**
Edilene Freire de Queiroz

41. **Desafios para a Técnica Psicanalítica**
José Carlos Garcia

42. **Linguagens e Pensamento**
Nelson da Silva Junior

43. **Término de Análise**
Yeda Alcide Saigh

44. **Problemas de Linguagem**
Maria Laura Wey Märtz

45. **Desamparo**
Lucianne Sant'Anna de Menezes

46. **Transexualidades**
Paulo Roberto Ceccarelli

47. **Narcisismo e Vínculos**
Lucía Barbero Fuks

48. **Psicanálise da Família**
Belinda Mandelbaum

49. **Clínica do Trabalho**
Soraya Rodrigues Martins

50. **Transtornos de Pânico**
Luciana Oliveira dos Santos

51. **Escritos Metapsicológicos e Clínicos**
Ana Maria Sigal

52. **Famílias Monoparentais**
Lisette Weissmann

53. **Neurose e Não Neurose**
Marion Minerbo

54. **Amor e Fidelidade**
Gisela Haddad

55. **Acontecimento e Linguagem**
Alcimar Alves de Souza Lima

56. **Imitação**
Paulo de Carvalho Ribeiro e colaboradores

57. **O tempo, a escuta, o feminino**
Silvia Leonor Alonso

58. **Crise Pseudoepiléptica**
Berta Hoffmann Azevedo

59. **Violência e Masculinidade**
Susana Muszkat

60. **Entrevistas Preliminares em Psicanálise**
Fernando Rocha

61. **Ensaios Psicanalíticos**
Flávio Carvalho Ferraz

62. **Adicções**
Decio Gurfinkel

63. **Incestualidade**
Sonia Thorstensen

64. **Saúde do Trabalhador**
Carla Júlia Segre Faiman

65. **Transferência e Contratransferência**
Marion Minerbo

66. **Idealcoolismo**
Antonio Alves Xavier
Emir Tomazelli

67. **Tortura**
Maria Auxiliadora de Almeida Cunha Arantes

68. **Ecos da Clínica**
Isabel Mainetti de Vilutis

69. **Pós-Análise**
Yeda Alcide Saigh

70. **Clínica do Continente**
Beatriz Chacur Mano

71. **Inconsciente Social**
Carla Penna

72. **Psicanálise e Música**
Maria de Fátima Vicente

73. **Autorização e Angústia de Influência em Winnicott**
Wilson Franco

74. **Trabalho do Negativo**
Vera Lamanno-Adamo

75. **Crítica à Normalização da Psicanálise**
Mara Caffé

76. **Sintoma**
Maria Cristina Ocariz

77. **Cidade e Subjetividade**
Flávio Carvalho Ferraz

78. **Psicologia Hospitalar e Psicanálise**
Alfredo Simonetti

79. **Fairbairn**
Teo Weingrill Araujo

80. **Orientação Profissional**
Maria Stella Sampaio Leite

Coleção Clínica Psicanalítica
Dirigida por Flávio Carvalho Ferraz

FAIRBAIRN

Teo Weingrill Araujo

Casa do Psicólogo®
uma empresa PEARSON

Editor: *Ingo Bernd Güntert*
Coordenadora Editorial: *Marcela Roncalli*
Assistente Editorial: *Cíntia de Paula*
Produção Editorial: *Casa de Ideias*

Dados Internacionais de Catalogação na Publicação (CIP)
Angélica Ilacqua CRB-8/7057

Araujo, Teo Weingrill

Fairbarn / Teo Weingrill Araujo. – São Paulo: Casa do Psicólogo, 2015. – (Coleção clínica psicanalítica / dirigida por Flávio Carvalho Ferraz).

224 p.

Bibliografia

ISBN 978-85-8040-651-1

1. Psicanálise 2. Fairbairn, W. Ronald D. (William Ronald Dodds), 1889-1965 I. Título II. Ferraz, Flávio Carvalho. III. Série

15-0883 CDD 150.195

Índices para catálogo sistemático:
1. Psicanálise

Impresso no Brasil
Printed in Brazil

Casapsi Livraria e Editora Ltda.
Av. Francisco Matarazzo, 1500 - Cj. 51
Edifício New York - Centro Empresarial Água Branca
Barra Funda - São Paulo/SP - CEP 05001-100
Tel. Fax: (11) 3672-1240
www.casadopsicologo.com.br

Sumário

Introdução

O personagem principal deste livro é William Ronald Dodds Fairbairn, psicanalista que viveu de 1889 a 1965 em Edimburgo, na Escócia. No presente texto, propomo-nos a apresentar a obra desse importante, peculiar e um tanto quanto desconhecido autor.

Fairbairn acreditava piamente no progresso do conhecimento científico e via-se como alguém imbuído da tarefa de contribuir para a evolução da psicanálise. Era com esse intuito que ele se propunha a fazer uma revisão bastante sistemática das bases que sustentam a psicanálise freudiana. Nosso autor não se contentou apenas em fazer contribuições originais para a compreensão de certos fenômenos ou construir teorizações a partir de suas experiências clínicas singulares. Ele pretendeu explicitamente construir novas bases para a psicanálise. A crença dele era a de que a psicanálise precisava estar em diálogo com outras ciências para, com elas, evoluir. E o que ele propôs foi uma refundação da ciência psicanalítica baseada na constatação de que não era mais possível sustentar a distinção proposta por Freud entre força (id) e estrutura (ego).

Nosso autor pretendeu promover a transmutação da parafernália freudiana em termos humanamente compreensíveis. Nessa concepção, saíram de cena termos como "aliviar", "descarregar" e entraram em cena palavras como "amar", "depender", "ligar-se". Para ele, era preciso considerar o ser humano não um conjunto de impulsos, mas um todo em relação com seus objetos. Nessa concepção, o impulso primordial do humano era estabelecer ligações com os objetos.

Além de ter se proclamado fundador de um novo modelo teórico no âmbito da psicanálise, Fairbairn também foi um autor que dedicou toda uma vida a mapear as repercussões das experiências traumáticas precoces no processo de constituição da estrutura psíquica. É possível dizer que ele levou essa empreitada a sério e foi muito longe.

Nosso autor concebia o trauma como resultado da incapacidade dos pais de *convencer* a criança de que ela era amada e de que o amor dela era aceito. Nessa situação, a criança se sentiria ao mesmo tempo rejeitada e desprovida de recursos para concretizar sua necessidade de se ligar. Nos termos propostos pelo autor, o objeto passaria a ser vivido por ela como rejeitador e hiperexcitante.

Essa compreensão sobre a repercussão dual do trauma é uma grande contribuição de Fairbairn e serve para lançar luz sobre as consequências dos mais diversos tipos de experiências. Uma criança abusada sexualmente, outra maltratada, viram-se à mercê dos caprichos de pais absortos em si mesmos ou excessivamente instáveis – todas elas vivem simultaneamente a dolorosa experiência de se sentirem rejeitadas e de se verem incapazes de produzir qualquer marca nesse outro tão inacessível e, por isso mesmo, tão grandioso e excitante.

Se não posso confiar nos objetos que estão lá fora, eu preciso recriá-los como objetos que estão dentro de mim. Se os objetos externos me excedem e me traumatizam, preciso torná-los parte de mim para que eu possa tentar exercer algum controle sobre eles. Além disso, para seguir vivendo, faz-se necessário de alguma forma tentar neutralizar ou atenuar os efeitos que as experiências traumáticas produziram em mim.

Para o autor, a estrutura mental origina-se da introjeção dos objetos primordiais e dos processos de cisão do ego. Todos esses mecanismos se instauram a partir das vicissitudes da relação do bebê com os objetos dos quais depende. Os traumas dão origem a um processo autônomo e incontornável, em que vai se constituindo, quase que às expensas do sujeito, uma estrutura interna complexa, apartada do mundo exterior e atemporal. Nela, as imagos paternas permanecem para sempre idênticas a si mesmas em sua maldade. As partes cindidas do ego mantêm-se eternamente na condição de crianças frágeis, traumatizadas e dependentes das imagos paternas. Desse modo, em Fairbairn, são as experiências traumáticas vividas ao longo do desenvolvimento inicial primitivo que constituem a estrutura psíquica.

O sistema teórico proposto por Fairbairn é a tentativa de descrever quanto, a partir dos desencontros com os objetos primordiais, vai se constituindo uma estrutura psíquica à parte, imune às surpresas e aos processos de transformação característicos da relação com os objetos do mundo. Isso justifica a afirmação de Figueiredo (2003) de que, quando analisamos a obra de Fairbairn, a compreensão das psicopatologias não é um capítulo dentro de uma teoria psicanalítica geral porque ele propõe uma investigação das origens e da natureza psicopatológica da vida mental em sua universalidade.

Como, para o nosso autor, o desencontro entre o self e o objeto é incontornável, e o objeto nunca é aquilo que eu preciso que ele seja, a condição humana acaba se caracterizando por uma dimensão inevitável de mal-estar, de tensão. Contudo, a tensão não revela, como em Freud, a existência de algo que precisa ser descarregado, mas o fato de que o outro que deveria sustentar a situação de dependência está sempre além e aquém de minhas necessidades. O mal-estar, para Fairbairn, é ainda mais inevitável do que para Freud. Não é a civilização que impede o prazer, mas o caráter necessariamente traumático do encontro com o outro.

A vida, a obra e o legado de Fairbairn

Nascido em uma família de classe média, filho único de pai escocês e de mãe inglesa, o menino Fairbairn passou a infância e a adolescência às voltas com os rígidos princípios religiosos de seu pai e sob as asas controladoras de sua mãe.

Ao completar 18 anos, nosso autor ingressou na faculdade de filosofia com o objetivo de se tornar clérigo da Igreja Presbiteriana, a religião de seu pai. Depois de concluir o curso na Universidade de Edimburgo, ele se alistou como soldado na Primeira Guerra Mundial, para desespero da mãe.

Essa experiência de se ver longe dos pais durante a guerra foi um importante divisor de águas no percurso de Fairbairn. Depois dela, ele abandonou a pretensão de se tornar pastor e foi cursar medicina, já com o intuito de ser psicoterapeuta.

Em meados da década de 1920, após concluir o curso de medicina, Fairbairn começou a atuar como assistente na cadeira de psicologia da Universidade de Edimburgo, como psicanalista em consultório particular e em hospitais.

Vale destacar a situação de nosso autor: distante das principais instituições psicanalíticas da época, ele inventou para si a decisão de se tornar psicanalista. A partir da percepção de que as principais correntes de psicologia não eram capazes de discutir alguns temas centrais para a vida humana, ele resolveu se aproximar da teoria freudiana. Em meio a isso, começou a fazer análise com Connell, um psicanalista australiano que estava morando na Escócia.

No fim da década de 1920, Fairbairn empreendeu um estudo minucioso da obra de Freud, ministrou cursos na universidade sobre textos do psicanalista austríaco publicados poucos anos antes, como "O ego e o id", e defendeu sua tese de doutorado em medicina, na qual realizou um estudo comparativo entre o conceito de dissociação, tal como proposto por Janet, e o de repressão, tal como proposto por Freud.

Em 1931, nosso autor viajou a Londres para apresentar o caso de uma paciente atendida por ele para uma plateia em que estavam presentes, dentre outros, Ernest Jones, James Strachey e Melanie Klein. A partir daí, ele foi aceito como membro associado da British Psychoanalytic Society, mesmo sem ter conseguido, por causa da distância, cumprir o programa de formação usual.

Ao longo da década de 1930, Fairbairn esteve profundamente envolvido com as questões de sua época, como os totalitarismos que começavam a varrer a Europa, a ameaça de eclosão de mais uma guerra e o comunismo. A maior parte de seus textos foi escrita para ser lida em palestras voltadas a públicos diversos, compostos por professores, profissionais de saúde e outros, e versava sobre vários temas socialmente relevantes com muita vivacidade. Em alguns desses textos, Fairbairn (1934, 1938a, 1938b) escreveu sobre as experiências de criar e de fruir a arte, além de ter dedicado alguma atenção à experiência do brincar.

Na primeira metade da década de 1930, Fairbairn trabalhou na Clínica para Crianças e Jovens da Universidade de Edimburgo, onde teve a oportunidade de atender muitos pacientes que tinham sido submetidos a abusos sexuais e outros tipos de violência. Essa experiência fez que ele se tornasse um profundo conhecedor dos diversos recursos defensivos dos quais as crianças lançam mão para tentar lidar com as experiências traumáticas.

A década de 1930, que foi marcada por tantas efervescências para nosso autor, encerrou-se de modo turbulento. No contexto mais amplo, a década terminou com a eclosão da Segunda Guerra Mundial. No contexto mais específico, Fairbairn e a psicanálise passaram a ser alvo de ataques incessantes dentro da Universidade de Edimburgo, até que ambos foram definitivamente banidos, acusados de proferir ideias não científicas.

Naquele período, Fairbairn viu-se imerso em perturbações. Connell, seu antigo analista, não morava mais em Edimburgo e não havia nenhum outro psicanalista por lá a quem ele pudesse recorrer. Na tentativa de lidar solitariamente com suas perturbações, ele fez importantes anotações em seu diário pessoal, com o intuito de decifrar as origens e o sentido de um penoso sintoma: ele não conseguia urinar em banheiros públicos. Esse sintoma, que o acompanhou até o fim da vida, fez que ele tivesse de se privar de participar de muitos eventos sociais e, por causa dele, a viagem de trem que separava Edimburgo e Londres, onde residiam os psicanalistas mais importantes da época, foi se tornando um obstáculo cada vez mais intransponível.

No início da década de 1940, Fairbairn estava às voltas com a experiência de ter sido banido da universidade. Nos textos da época, a abertura para os temas mundanos praticamente cessou, e ele passou a se dedicar quase que exclusivamente à construção de seu sistema teórico. Foi justamente nesse período que ele produziu seus textos teóricos mais importantes e originais.

É importante destacar que, durante a Segunda Guerra, Fairbairn viveu a experiência de atender muitos soldados traumatizados. As histórias deles se repetiam: seres obcecados pela ideia de voltar para casa, assolados por pesadelos e por perseguidores reais e imaginários, sentindo-se humilhados e destratados pelos colegas e pelos superiores. Na perspectiva do autor, os horrores da guerra minavam os recursos defensivos e faziam que os maus objetos internos passassem a se manifestar sem os disfarces e as contenções habituais (Fairbairn, 1943a, 1943b). Mais uma vez, nosso autor estava tendo a oportunidade de perceber, a partir do atendimento de muitos soldados em condições semelhantes, as repercussões das situações traumáticas no modo de funcionamento do psiquismo.

Fairbairn também aprendeu muito sobre o funcionamento do mundo interno com os pacientes esquizoides que atendia em seu consultório particular. Nos termos do próprio autor, esses pacientes eram capazes de ter

> [...] *insights* mais formidáveis do que qualquer outro grupo de pessoas, normais ou anormais – um fato devido, pelo menos em parte, a serem eles tão introvertidos (isto é, preocupados com a realidade interior) e tão familiarizados

> com seus processos psicológicos mais profundos (Fairbairn, 1940, p. 3)[1].

Enquanto produzia seu sistema teórico em relativo isolamento, as controvérsias entre os grupos liderados por Melanie Klein e por Anna Freud pegavam fogo na Sociedade Britânica de Psicanálise. Fairbairn, assim como Winnicott, Balint e alguns outros, optou por não se alinhar a nenhum dos dois grupos e passou a fazer parte do que viria a ser conhecido como Middle Group.

No início da década de 1950, Fairbairn lançou o livro *Psycho-analytic studies of the personality*, o único que foi publicado com o autor em vida. Nele foram reunidos, além de seus textos teóricos mais importantes, escritos na década de 1940, alguns outros textos escritos nas décadas anteriores.

O prefácio do livro foi escrito por Ernest Jones, que reconheceu a originalidade das proposições contidas ali. Jones salientou que não cabia a ele julgar as posições defendidas na obra, mas que ele tinha a convicção de que elas iriam se provar extremamente estimulantes para o debate psicanalítico.

Klein (1946) também teceu seus comentários sobre nosso autor. Apesar de Fairbairn nunca ter feito parte de seu grupo de seguidores, a autora reconheceu que, por influência da discussão dele sobre as bases esquizoides da personalidade, passou a chamar o modo mais primitivo do funcionamento

---

[1] Este trecho de Fairbairn, bem como todos os subsequentes, foram traduzidos pelo autor.

psíquico de posição esquizoparanoide, e não mais de posição paranoide. Além disso, a autora salientou que a descrição do desenvolvimento dos fenômenos esquizoides proposta por Fairbairn era "significativa e dotada de grande valor para o nosso entendimento do comportamento esquizoide e da esquizofrenia" (p. 316). "Também penso que é correta e importante a opinião expressa por Fairbairn de que o grupo de distúrbios esquizoides e esquizofrênicos é muito mais vasto do que tem sido reconhecido até agora" (p. 316). No mesmo texto, depois de reconhecer a pertinência das considerações de nosso autor, Klein salienta também seus pontos de discordância. Para mencionar apenas os pontos mais básicos e importantes, a autora afirma que discorda da revisão que Fairbairn propõe da teoria da estrutura mental e da teoria dos instintos.

Winnicott e Khan (1953), na resenha que escreveram sobre o livro de Fairbairn, publicada no *International Journal of Psychoanalysis*, lamentaram que nosso autor se propusesse a fazer afirmações tão definitivas. Para eles, as omissões e imperfeições da estrutura teórica proposta no livro prejudicaram a apreciação que eles poderiam fazer dos lampejos de *insight* clínico presentes no texto. "Em diversas circunstâncias, nós ficamos com a sensação de que o senso clínico e intuitivo de Fairbairn o leva adiante enquanto a sua teoria atola algumas milhas atrás" (p. 420).

A partir das críticas supramencionadas, já é possível ter uma ideia de quanto as posições de Fairbairn eram polêmicas e particulares. Em seus textos, o autor não se furtava de proclamar a originalidade de seu pensamento e de reiterar suas divergências com as proposições de Freud.

Também é possível vislumbrar as especificidades do lugar ocupado por nosso autor na cena psicanalítica da época. Alguém que vivia a milhas de distância de seus colegas, produzia sua obra em relativo isolamento, criticava a teoria freudiana aberta e reiteradamente e, mesmo assim, continuava sendo reconhecido como psicanalista pelas instituições oficiais.

Depois de lançar o livro, o autor ainda publicou, ao longo da década de 1950, alguns textos importantes que giravam em torno principalmente da discussão sobre o tratamento psicanalítico. Neles, Fairbairn (1957, 1958) expôs com muita franqueza suas dúvidas e dificuldades em relação ao atendimento de pacientes que tinham um modo de funcionamento esquizoide e se perguntou várias vezes sobre o que, afinal de contas, faz um psicanalista e por que esse fazer produz (ou não) algum efeito nesses pacientes.

Os textos inéditos de Fairbairn e os artigos escritos após a publicação do livro de 1952 foram reunidos em uma coletânea em dois volumes denominada *From instinct to self: selected papers of W. R. D. Fairbairn*, que só foi lançada em 1994, trinta anos depois de sua morte.

A obra de Fairbairn é, em comparação à de outros psicanalistas, relativamente pouco conhecida. Como dissemos, Fairbairn viveu em relativo isolamento, o que fez que muitos de seus contemporâneos conhecessem suas contribuições apenas por meio de seus artigos. Desse modo, o autor, em seu isolamento escocês, teve poucas oportunidades para apresentar e debater suas ideias. Além disso, ele quase não tinha interlocutores ou seguidores que pudessem cumprir a função de disseminar suas proposições na Europa e, menos ainda, nos Estados Unidos e na América Latina, locais em que ele permaneceu praticamente desconhecido por muitos anos.

Os psicanalistas Sutherland e Guntrip cumpriram o importante papel de manter vivo o legado de Fairbairn. O primeiro foi seu fiel seguidor e responsável por escrever sua biografia, e o segundo foi seu paciente e sempre teve em Fairbairn uma de suas mais importantes referências. O livro *Personality structure and human interaction*, publicado por Guntrip em 1961, foi fundamental para que a teoria de Fairbairn pudesse se tornar mais conhecida, sobretudo nos Estados Unidos (Sutherland, 1989).

Apesar de ele ter sido relativamente pouco mencionado durante várias décadas, a influência de Fairbairn no pensamento psicanalítico não pode ser desconsiderada. As discussões do autor em torno dos mecanismos de cisão do ego e do objeto tiveram e continuam tendo grandes implicações clínicas, e são especialmente úteis para a compreensão de pacientes severamente traumatizados. Além disso, a centralidade que o autor atribuiu ao mecanismo de cisão na constituição da personalidade, o modo como recriou a noção de repressão, os questionamentos em relação ao conceito de pulsão, o modelo de mente que propôs, tudo isso exerceu uma influência mais ou menos silenciosa no pensamento psicanalítico, sobretudo entre os ditos teóricos das relações de objeto.

Esse silêncio foi parcialmente quebrado nas últimas décadas, quando foram lançadas algumas coletâneas de artigos que se propuseram a discutir a obra e o legado de Fairbairn (Pereira & Scharff, 2002; Skolnick & Scharff, 1998; Grotstein & Rinsley, 1994). Além dessas coletâneas, alguns outros textos sobre o autor, escritos por importantes psicanalistas da cena contemporânea, foram publicados recentemente (Mitchell, 2000; Pontalis, 2005; Ogden, 2010).

No Brasil, há referências muito esparsas à obra de Fairbairn. Recentemente, Celes, Alves & Santos (2008) e Figueiredo & Araujo (2013) se propuseram a discutir as contribuições teóricas do autor. Antes disso, Figueiredo (2003) fez uso de suas contribuições para discutir algumas características e questões da sociedade contemporânea.

Vale ressaltar que, mesmo que Fairbairn tenha sido redescoberto como uma das referências mais importantes da psicanálise do século XX, estamos longe de poder identificar a existência de uma escola fairbairniana. Isso torna o debate em torno de suas ideias especialmente rico, porque congrega pontos de vista muito distintos. É possível identificar a existência de pelo menos quatro grupos de psicanalistas contemporâneos que se reúnem em torno do interesse comum pela obra de Fairbairn[2].

O primeiro deles é composto pelos autores pós-kleinianos, que viram no pensamento de Fairbairn muitos pontos de aproximação com o pensamento kleiniano, mas também algumas inovações específicas que lhes permitiram problematizar determinadas questões a partir de um ângulo novo. Dentre esses autores, poderíamos mencionar Thomas Ogden, James Grotstein, Otto Kernberg e Jeffrey Seinfeld.

O segundo grupo é formado por psicanalistas que depararam com a obra de Fairbairn na tentativa de lidar com questões da clínica com determinados tipos de pacientes. Desse grupo faz parte, por exemplo, o psicanalista David Celani (1998), que usa as considerações do autor para discutir o atendimento de mulheres constantemente violentadas pelos maridos. Também poderíamos mencionar David Scharff (1998), que se baseia no autor para discutir a terapia com casais e famílias, e Bollas (2000), que usa as contribuições de Fairbairn como uma das referências para pensar a questão da histeria.

O terceiro grupo é composto por psicanalistas que têm interesse especial pelas contribuições dos autores do Middle Group, do qual o próprio Fairbairn fez parte. Para esses autores, Fairbairn é uma das referências importantes para

2 L. C. Figueiredo (comunicação pessoal, março de 2014) foi quem chamou a minha atenção para a existência desses quatro grupos.

pensar sobre o modo como o self se constitui na relação com os objetos primordiais.

Finalmente, o quarto e mais coeso grupo é composto pelos psicanalistas da *Relational Psychoanalysis*, que levaram a proposta de ruptura de Fairbairn com o modelo freudiano às últimas consequências, a ponto de terem constituído uma concepção de psicanálise que prescinde totalmente do conceito de pulsão.

Para apresentar e discutir o modo como a obra de Fairbairn foi se constituindo ao longo das décadas de 1930, 1940 e 1950, o presente livro está organizado em seis capítulos.

No Capítulo 1, propomo-nos a fazer uma apresentação dos textos do autor escritos durante a década de 1930, que são muito pouco conhecidos e citados e que se debruçam de modo muito interessante sobre temas que ele nunca mais viria a explorar nas décadas seguintes, como o brincar e o fazer artístico.

No Capítulo 2, ao lermos os textos teóricos da década de 1940, nosso intuito é encontrar, nesses textos tão ambiciosos, em que se está anunciando a construção de um novo modelo teórico, aquilo que eles revelam sobre a dimensão do desamparo e do traumático que necessariamente caracterizam a condição humana.

No Capítulo 3, ao analisarmos os textos da década de 1950, vamos nos limitar apenas a acompanhar o próprio autor deparando com as insuficiências do modelo que ele tinha proposto na década anterior. Isso porque um dos focos principais desses textos é a discussão sobre o fazer do psicanalista. Como o próprio Fairbairn afirma, nem a teoria mais bem construída é capaz de dizer ao analista o que fazer quando está diante do paciente.

No Capítulo 4, propomo-nos a discutir a crítica de Klein (1946) de que, no sistema teórico proposto por Fairbairn, não há espaço para compreender o modo como as boas experiências com os objetos primordiais seriam armazenadas no psiquismo. Sendo Fairbairn um teórico das relações de objeto, esta nos parece uma crítica fundamental, que merece ser discutida de maneira aprofundada.

No Capítulo 5, partiremos da leitura das anotações de autoanálise feitas por Fairbairn em seu diário pessoal para analisar o modo como o autor concebe a relação com o corpo e com a sexualidade. Surpreendentemente, a partir dessa discussão, veremos quanto nosso autor se aproxima, nas entrelinhas de sua obra e sem se dar conta, da teoria de... Freud.

No Capítulo 6, nossa proposta é rediscutir o caso de uma paciente apresentado por Fairbairn em 1931 à luz de suas contribuições posteriores sobre a histeria, salientando os diversos aspectos da trama transferencial que foram ignorados pelo autor. Assim, mais do que simplesmente apresentar as considerações tardias do autor sobre o fenômeno da histeria, o capítulo que fecha este livro propõe-se a usar essas considerações para lançar luz sobre um caso clínico escrito pelo próprio Fairbairn.

1.

Brincar, criar, agir, viver: os textos da década de 1930

Os textos escritos por Fairbairn na década de 1930 contêm construções singulares e inovadoras que permaneceram praticamente ignoradas na literatura psicanalítica. Em parte, isso se deveu ao fato de que esses textos só foram publicados em livro no ano de 1994, quase trinta anos depois da morte do autor. Até então, eles permaneciam dispersos em revistas e periódicos ou mesmo inéditos.

Para dar início à nossa discussão sobre os textos escritos nesse período, citaremos um trecho do texto "The arms and the child", que foi escrito em 1937, pouco tempo antes da eclosão da Segunda Guerra Mundial, e publicado em uma revista denominada *Liverpool Quarterly*:

> Nós ouvimos que a única esperança de paz reside na distribuição das colônias entre as grandes nações do mundo. Seria mais verdade, entretanto, dizer que a única esperança de paz reside na redistribuição de brinquedos entre os pequenos habitantes das casas (Fairbairn, 1937, p. 327).

No trecho citado, estão condensados vários dos aspectos que chamam a atenção nos textos de Fairbairn da década de 1930. Com entusiasmo, o autor adentra discussões polêmicas e defende pontos de vista muito pertinentes com uma assertividade juvenil. Muitos dos textos desse período são transcrições de palestras que Fairbairn ministrou para professores, filósofos, religiosos, médicos e até dentistas. À época, o autor se dispunha a falar sobre os temas mais diversos para públicos diversos, tendo como base, principalmente, a psicanálise e sua experiência clínica[1].

Apesar de não ter escrito diretamente sobre seu trabalho na clínica infantil da Universidade de Edimburgo, onde trabalhou de 1927 até 1935, é possível supor que essa experiência tenha contribuído para a vivacidade, presente nos textos da época, de suas várias colocações sobre a infância e sua capacidade de descrever o mundo pela perspectiva da criança.

No texto "The arms and the child", do qual extraímos a última citação, Fairbairn (1937) se propõe a discutir as razões para a guerra e as condições necessárias para a

---

1 Um aspecto interessante é que há várias semelhanças entre o percurso inicial de Winnicott e o percurso inicial de Fairbairn. Ambos trabalhavam com crianças fora do contexto do consultório particular. Ambos saíram por aí a proferir palestras e opiniões para públicos diversos, assentados na psicanálise e na experiência clínica com crianças. Como veremos a seguir, também havia uma convergência quanto aos temas pelos quais eles se interessavam.

manutenção da paz. Com esse objetivo em vista, o autor parte da seguinte premissa:

> As reações de uma nação às situações em que ela se vê inserida são, acima de tudo, as reações compartilhadas dos seus cidadãos individuais; e as reações políticas desses indivíduos são determinadas pelas reações deles às circunstâncias do início da infância (p. 327).

Essa premissa evidencia quanto Fairbairn se permite fazer afirmações ousadas nos textos da época, mesmo com o risco de adotar posições ingênuas, como é o caso dessa. Como sabemos, a guerra está longe de ser uma reação compartilhada de cidadãos individuais. O poder de decisão sobre os rumos a serem tomados pelas nações, definitivamente, não é um poder compartilhado igualmente entre todos.

De qualquer modo, a partir da premissa, percebemos que o autor está muito entusiasmado com a psicanálise e com a capacidade que ela tem de contribuir para a compreensão das circunstâncias do início da infância e, consequentemente, para a compreensão dos graves acontecimentos que estavam em curso na época.

Apesar de entusiasmada, a posição defendida pelo autor não resvala nos sentimentalismos nem nos otimismos defensivos. O autor propõe que a psicanálise pode lançar luz sobre as origens e os modos de expressão da agressividade humana, mas reconhece que nem todos os esforços do mundo serão capazes de erradicá-la ou mesmo de controlá-la.

Todo o texto é feito de saltos enormes em que Fairbairn alterna discussões sobre a situação geopolítica da época e a situação do bebê diante dos pais. Desse modo, com o objetivo de identificar as origens do ódio que alimenta as guerras e de compreender a submissão das massas aos líderes autoritários, Fairbairn mergulha na descrição da experiência do bebê.

Vários dos textos de Fairbairn da década de 1930 conseguem descrever o processo de desenvolvimento e as relações iniciais de dependência pela perspectiva da criança. Isso aparece de forma mais marcante nos textos escritos para públicos de não psicanalistas (Fairbairn, 1932, 1937, 1939b) e fica patente no texto que estamos analisando de modo mais detido:

> Como é ignorante em relação ao mundo, o bebê não tem garantia, quando a sua mãe sai do quarto, de que ela vai voltar novamente. Quando ele fica faminto e a sua mãe não está lá para confortá-lo, ele se torna extremamente abandonado; ele sente como se todo o seu mundo tivesse sido destruído (Fairbairn, 1937, p. 330).

No início da vida, o bebê se vê às voltas com a necessidade de sobreviver, física e psiquicamente, e de estabelecer ligações significativas, mas se encontra totalmente à mercê de pessoas e de experiências imprevisíveis. Nessa situação, as falhas, as ausências, os desencontros são experiências dilacerantes. O caráter extremista que as angústias, os conflitos e os processos defensivos assumem nas teorizações psicanalíticas passa a fazer mais sentido quando levamos em consideração que eles se originam em fases muito precoces do desenvolvimento. A nosso ver, o autor conseguiu apresentar tudo isso com muita vivacidade, o que certamente contribuiu para que ele pudesse ser compreendido pelos diversos públicos com os quais dialogou. Mas sigamos acompanhando a descrição que Fairbairn (1937) faz da experiência do bebê:

> Se ele continua na condição de não ser amamentado nem confortado, uma reação agressiva começa a se manifestar, e o seu choro de angústia se torna um choro de fúria. O resultado é que, quando a comida e o conforto finalmente vêm até ele, ele satisfaz a sua fome de modo agressivo, isto é, o ato de sugar, que para o bebê representa a epítome do amor, é acompanhado pelas manifestações do ódio infantil. Aqui, então, nós temos a primeira e clássica condição em que o ódio e o amor são dirigidos à mesma pessoa – e a uma pessoa tão importante como essa (p. 330).

Fairbairn defende que as experiências de frustração excessiva na relação entre os pais e a criança são inevitáveis[2].

[2] Nosso autor se refere aos desencontros entre a criança e seus pais, mas faz questão de enfatizar que as situações que despertam o ódio são aquelas nas quais a criança *se sente* em perigo. Para ele, já há, desde o início,

Nas frases da citação, o autor está explicitando a sua hipótese de que um ambiente excessivamente frustrante faz o ódio fermentar, o que, por sua vez, intensifica a necessidade de empregar mecanismos de defesa radicais e faz que o conflito entre o amor e ódio se torne mais problemático. Trata-se de uma hipótese muito presente em seus textos da época, em que a questão do ódio e da agressividade sempre aparecem com grande destaque. Inicialmente, o ódio vem para complicar a relação da criança com a mãe e, em seguida, com o pai e com todos os outros.

Um detalhe que chama a atenção no trecho citado é que ele não se refere a uma reação agressiva da criança, mas a uma reação agressiva que "começa a se manifestar" na criança. Do mesmo modo, na frase seguinte, em vez de dizer que o ato de sugar é acompanhado pela manifestação do ódio do bebê, Fairbairn se refere às "manifestações do ódio infantil". O autor parece enfatizar o fato de que o ódio não é algo que parte da criança, mas algo que se impõe sobre ela. A partir disso, poderíamos dizer que o autor está se referindo a uma fase em que ainda não há um ego suficientemente instalado que possa, de um lado, viver a ausência da mãe e, de outro, odiá-la por isso.

---

uma criança tentando significar as experiências que se abatem sobre ela. Assim, o desencontro não pode ser atribuído unilateralmente aos pais porque, do outro lado, desde sempre, há uma criança. Os desencontros são inevitáveis, mas não é possível saber se eles são inevitáveis porque os pais necessariamente falham em atender às necessidades da criança ou se eles são inevitáveis porque a criança tende a enxergar perigo onde não há.

> Essa situação envolve o bebê em um dos conflitos emocionais mais angustiantes; porque isso o coloca na posição intolerável de dirigir impulsos destrutivos contra a mesma fonte de amor e sustentação das quais ele necessita – a posição de, podemos dizer, cortar o galho em que ele está sentado. O próximo passo não é difícil de imaginar. Quando o bebê se vê novamente com fome e desconfortável, ele sente como se o seu estado de privação fosse o resultado dos seus próprios impulsos destrutivos (Fairbairn, 1937, p. 330).

Nesse trecho, como em muitos outros, a influência de Melanie Klein se faz notar. Há uma ênfase na questão do ódio, do ressentimento, da agressividade e quanto estes componentes ameaçam a sobrevivência dos objetos amados e, consequentemente, do próprio *self*.

Duas consequências perigosas advêm das experiências excessivas de frustração. A primeira é que, a partir delas, pode-se desenvolver com os objetos amorosos uma relação marcada por uma ambivalência muito intensa. Isso gera a necessidade de proteger os objetos amorosos e de empregar mecanismos defensivos radicais contra o ódio. Além disso, quando a criança é submetida a experiências prolongadas de frustração antes de viver a experiência de satisfação, isso determina uma confusão entre os impulsos amorosos e os agressivos, de modo que o amor assume um caráter sádico.

A segunda consequência é que as experiências de frustração excessiva tendem a tornar a criança ainda mais dependente. Nesse ponto, Fairbairn faz um apontamento interessante ao afirmar que, ao contrário do que se costuma pensar, é a possibilidade de viver satisfatoriamente a experiência de dependência que faz que a criança possa ir constituindo a capacidade de se tornar um adulto relativamente independente.

Também aqui já fica explicitada uma característica do psiquismo à qual Fairbairn sempre dará muita ênfase. Diante da ausência da mãe, a criança se vê compelida a explicar isso atribuindo a si mesma a responsabilidade pelo que lhe aconteceu. É que, no início da vida, a diferenciação entre mãe e bebê é muito precária e os mecanismos de introjeção são avidamente empregados, de modo que a maldade do mundo se torna a maldade do si mesmo.

> Para assegurar a paz mental, ele [o bebê] se vê às voltas com a necessidade de chegar a um bom termo com a sua própria agressividade e dispor dela de outro modo que não seja dirigindo-a para o seu objeto de amor (p. 331).

Os mecanismos empregados pelo indivíduo para assegurar sua paz mental cobram um preço muito alto. São esses mecanismos que, segundo Fairbairn, estão na raiz das guerras e da submissão das populações aos desmandos dos líderes autoritários.

É preciso lembrar que, na época em que esse texto foi produzido, nações inteiras estavam à mercê da figura de líderes autoritários, que gozavam do *status* de figuras parentais. Esse fenômeno, propõe o autor, precisa ser compreendido à luz das descobertas da psicanálise sobre a relação de dependência que a criança estabelece com seus pais. O impulso para confiar nesses líderes nasce da necessidade de encontrar amor e sustentação, da necessidade de submeter o ódio ao controle autoritário e de encontrar suportes estrangeiros para a projeção maciça da agressividade. Não é à toa que os regimes autoritários da época definiam muito bem as figuras que deveriam ser escolhidas para atuar como a encarnação do mal.

A análise mais detida que estamos fazendo do texto de 1937 nos permite vislumbrar várias características presentes nos textos que Fairbairn escreveu durante a década de 1930. No que diz respeito ao modo como apresenta a teoria psicanalítica, chama a atenção, de um lado, a grande influência de Klein e, de outro, o fato de que o autor defende posições bastante avançadas para a época. Sustentação ambiental, dependência e necessidades emocionais são termos que já faziam parte de seu léxico. O texto também permite perceber quanto a psicanálise representava, para Fairbairn, um ponto de sustentação a partir do qual ele podia se autorizar a pensar sobre o que estava se passando no mundo. A ameaça iminente de eclosão da Segunda Guerra Mundial e o fortalecimento de regimes autoritários o convocavam a pensar sobre a guerra, sobre a agressividade humana e sobre a persistência, na idade adulta, de relações em que o sujeito busca satisfazer necessidades emocionais que não foram atendidas na infância.

A ética do bem-estar social

Outro ponto interessante que fica evidente no texto apresentado é quanto as posições de Fairbairn estão calcadas em uma ética de bem-estar social. A raiz disso está na própria concepção de que o processo que conduz o indivíduo da dependência para a situação de relativa independência só pode ser bem-sucedido se contar com a sustentação de um ambiente suficientemente bom, capaz de suprir as necessidades emocionais mais básicas.

De outro texto, denominado "A critique of educational aims" (Fairbairn, 1936), escrito para ser proferido em uma palestra voltada a professores, poderíamos extrair proposições igualmente interessantes. Nele, o principal argumento é que as instituições humanas deveriam servir para favorecer a vida, e não o contrário. "Afinal de contas o objetivo da vida é viver e viver abundantemente" (p. 335).

Com base nesse argumento, Fairbairn alerta para o risco de que a máquina educacional faça com os alunos o mesmo que as máquinas da revolução industrial fizeram com os trabalhadores. "Criadas para alimentar os homens, as máquinas da revolução industrial agora se alimentam dos homens" (p. 334). O risco é que os interesses e as necessidades das crianças sejam subordinados aos interesses da máquina educacional.

Fairbairn também aponta para o caráter sádico de certos procedimentos educacionais vigentes na época, segundo ele, manifestações do ódio, do medo e da inveja que os adultos nutrem em relação aos mais jovens. Só o sadismo poderia explicar por que as crianças são submetidas a exames e provas tão frequentes, são obrigadas a aprender sobre temas tão distantes de seus interesses e são punidas com castigos físicos, que ainda eram largamente adotados nas escolas escocesas da época.

A partir de uma leitura psicanalítica, o autor discorre sobre as necessidades emocionais das crianças e dos adolescentes e, com base nisso, propõe uma verdadeira refundação da escola. O texto é muito pertinente e atual e chega a especificar, inclusive, uma nova proposta curricular.

Não nos cabe, neste momento, fazer uma apresentação exaustiva do texto. Ao mencioná-lo, queríamos destacar quanto as posições ali defendidas veiculam isso que estamos chamando de ética do bem-estar social. Um aspecto importante dessa ética é a ênfase do autor no fato de que o propósito maior da vida é vivê-la, o que o leva a se debruçar sobre experiências como o brincar, o fazer artístico e a experiência estética. Essa posição torna-se mais surpreendente se considerarmos que Fairbairn vivia sob a égide do calvinismo puritano, tanto no ambiente doméstico, já que essa era a religião de seu pai, como no contexto mais amplo, já que essa era a religião predominante na Escócia da época.

O brincar e o espaço intermediário

Nos textos em que discute a arte e a brincadeira, Fairbairn (1934, 1938a, 1938b) propõe a existência de uma dimensão intermediária da experiência humana, que não é nem externa nem interna. A nosso ver, o autor intui a importância de um tipo de experiência que Winnicott (1951) definiria depois como transicional, mas ainda não dispõe de recursos suficientes para nomeá-la com maior precisão.

Como dissemos, uma das questões centrais para o autor, na década de 1930, são as experiências que conferem sentido à vida, aquilo que se vive *for fun*. Curioso ser esse o campo de interesse de um autor que depois viria a se ocupar quase que integralmente de constituir uma teoria psicopatológica sobre o psiquismo humano.

Na década de 1930, Fairbairn está aberto a pensar sobre o modo como se estabelecem as relações com as coisas do mundo, sobre o modo como elas são dotadas de significados, sobre o modo como elas se tornam o suporte para o sonhar. Nas duas décadas seguintes, por outro lado, praticamente haverá espaço apenas, em seus textos, para o vazio, para as distâncias impreenchíveis, para os pedaços que não se podem reunir, para o fechamento, para a repetição. Voltaremos a nos ocupar desse intrigante contraste mais adiante. Por ora, vamos acompanhar mais de perto o percurso do autor nos textos supramencionamos.

No texto "Imagination and child development", surpreendemo-nos com a concepção muito sofisticada do autor sobre a brincadeira infantil. Fairbairn (1934) começa o texto propondo que, no início da vida, a criança não é capaz de conceber a existência de um mundo exterior a ela. Somente a partir do processo gradual de desilusão é que ela seria capaz de adaptar seus impulsos e suas necessidades às circunstâncias impostas pelo mundo exterior. Até aí, nada de novo. O texto foi escrito para ser proferido em uma palestra voltada a um público de não psicanalistas e se propõe a fazer uma breve exposição sobre a passagem do princípio do prazer para o princípio da realidade, tal como fora proposta por Freud. Entretanto, o interesse e a novidade da posição do autor começam a se delinear quando ele atribui ao ambiente externo um papel ativo nessa passagem. Mais especificamente, o autor destaca o papel desempenhado pela brincadeira nesse processo de transição.

> Aqui, devemos ressaltar que a brincadeira imaginativa da criança é essencialmente um passo intermediário entre a pura fantasia da criança e a inflexível realidade... A brincadeira, então, desempenha uma função importante no desenvolvimento da criança. Ela provê uma série de etapas intermediárias entre o mundo da imaginação e o mundo da realidade (Fairbairn, 1934, p. 200).

No trecho citado, está exposta com todas as letras a concepção de que a brincadeira se desenrola em um espaço intermediário entre o interno e o externo, no qual as fantasias se apoiam na materialidade do mundo exterior de modo que "o tapete se torna um barco e duas cadeiras se tornam um trem" (p. 200). Para Fairbairn, o mundo não pode ser feito de uma matéria inflexível, a exigir a submissão incondicional da criança aos seus princípios irredutíveis. Ele precisa ser permeável à imaginação para que, gradualmente, a criança constitua a possibilidade de habitá-lo.

Se, de um lado, o autor está discutindo o modo como se dá a passagem do princípio do prazer para o princípio da realidade, de outro, insere entre eles uma etapa intermediária que cumpre a função de subverter as oposições entre narcisismo primário e relação objetal, realidade e fantasia, interno e externo. Ainda que não utilize esses termos, ele está propondo que o objeto só pode se tornar externo e ser investido como tal quando se presta a ser criado pela criança.

É claro que, nesse texto de 1934, Fairbairn ainda não consegue vislumbrar totalmente o alcance de suas intuições. O brincar, a possibilidade de habitar o espaço intermediário, é visto como um fenômeno bem circunscrito no processo de desenvolvimento da criança, que ocorre enquanto ela ainda não é capaz de se instalar plenamente no princípio da realidade.

De qualquer forma, no texto, temos essa concepção apresentada pelo autor de que o processo de desenvolvimento conduz a criança do narcisismo primário para a realidade. Entretanto, afirma Fairbairn, em certas circunstâncias a realidade se torna muito difícil de ser encarada. Nesses casos, a criança se vê obrigada a se refugiar novamente no mundo da fantasia.

Para o autor, é equivocada a ideia de que educar uma criança para a realidade seja impor frustrações a ela. A própria vida já se encarrega disso. As experiências de frustração são inevitáveis. Ao se deparar com situações excessivamente frustrantes, a criança regride para o modo de funcionamento do narcisismo primário. Nessas situações, ela precisa encontrar um ambiente disponível para que possa regredir. Desse modo, podemos afirmar que o papel dos adultos é estar disponível para que a criança possa ir constituindo seu modo de se relacionar com a realidade.

A concepção de desenvolvimento que está sendo proposta por Fairbairn é a de um processo não linear e que precisa seguir seu próprio ritmo, sem interferências ou imposições excessivas por parte do mundo exterior.

O autor cita algumas circunstâncias que tornam especialmente difícil para a criança encarar a realidade: o nascimento de um irmão, a morte de um dos pais, a necessidade de realizar alguma cirurgia. Além desses exemplos mais circunstanciais, ele também menciona que a postura dos pais pode dificultar muito as coisas, quando as exigências que eles impõem à criança se tornam desproporcionais em vista da sua capacidade de se adaptar, ou quando eles não são capazes de tolerar que ela brinque.

> Em situações como essa, se são oferecidas para a criança condições favoráveis para o brincar imaginativo, e se é propiciada a ela a possibilidade de expressar suas fantasias com material concreto, a regressão pode cessar e os passos da criança podem se encaminhar novamente para a trilha da realidade. Esse princípio embasa as técnicas do brincar empregadas na clínica psicológica com crianças desajustadas (p. 201).

É possível afirmar que Fairbairn (1934) não só expressa uma concepção muito interessante sobre o brincar e sobre o papel do ambiente no processo de desenvolvimento, como também discute a clínica com crianças de modo muito sofisticado. Nessa concepção, a brincadeira pode se tornar um remédio (*remedial play*), desde que ela seja supervisionada por uma *pessoa experiente* capaz de adotar uma atitude de neutralidade benevolente. A pessoa experiente, continua Fairbairn, é aquela capaz de estar com a criança que brinca sem condená-la ou recriminá-la, sem interferir no modo como a brincadeira se desenrola e sem usar a brincadeira para dar vazão às suas próprias fantasias.

Fairbairn propõe uma série de recomendações negativas para que se possa desenrolar o *remedial play* da criança.

Entretanto, nessa concepção, a neutralidade do adulto não serve para favorecer a emergência dos conteúdos latentes. A ênfase não está naquilo que a brincadeira dá a conhecer, mas no próprio processo do brincar. O analista não é aquele que atua no sentido de evidenciar as fantasias que o processo de brincar dá a conhecer, mas aquele que está lá para assegurar as condições para que o mundo possa ser usado por ela, para que as coisas se tornem permeáveis ao uso que a criança precisa fazer delas.

> O efeito terapêutico da brincadeira imaginativa no caso das crianças desajustadas revela o fato de que a brincadeira imaginativa não é apenas uma expressão da ligação da criança com o mundo da fantasia, mas também um passo entre o mundo da fantasia e o mundo da realidade (p. 201).

Nessa afirmação, reitera-se a ideia de que o que produz os efeitos terapêuticos é a própria experiência de brincar sob a supervisão de um adulto experiente. Reitera-se também a concepção da brincadeira como uma experiência intermediária.

O texto de 1934 é o único em que o autor discute a ideia do *remedial play*. E essa discussão ética sobre a clínica com crianças nem é o foco principal desse texto. Com isso, podemos apenas vislumbrar de relance uma concepção tão interessante sobre o tema, sobretudo se considerarmos que ela data de 1934. Como afirmamos anteriormente, Fairbairn atendeu na clínica infantil da Universidade de Edimburgo por muitos anos. Certamente, foi a partir dessa experiência e do contato com as produções de Melanie Klein e de outros psicanalistas da época que ele pôde propor as próprias reflexões sobre o tema. Entretanto, não dispomos de mais elementos para levar essa discussão adiante.

Retornemos, portanto, à discussão proposta pelo autor sobre o espaço que se localiza entre o interno e o externo. Nesse momento, deparamo-nos com os textos "Prolegomena to a psychology of art" e "The ultimate basis of aesthetic experience". Como afirmamos, esses dois textos sobre arte, escritos por Fairbairn no ano de 1938, trazem contribuições muito interessantes para nossa discussão.

Fairbairn (1938a) inicia o primeiro texto com uma pretensão nada modesta: propõe-se a definir o que caracteriza o trabalho do artista. A resposta é categórica: arte é tudo aquilo que é feito *for fun*, isto é, sem um fim pragmático estabelecido de antemão, que oriente todo o processo de criação. Isso amplia muito o escopo do que pode ser considerado arte, pois faz que os rabiscos de uma criança no papel, os bolos que ela faz na areia ou o arranjo de pedrinhas e folhas que ela cria no jardim também possam ser considerados obras de arte. A arte, afirma Fairbairn, é uma brincadeira (*a play activity*). Não nos cabe aqui discutir os aspectos obviamente problemáticos de uma afirmação assim tão categórica e definitiva. Vamos nos limitar a dar destaque, mais uma vez, ao fato de que, na década de 1930, Fairbairn tinha uma preocupação muito presente com as experiências *for fun*, isto é, com as experiências que não cumprem outra função além de dotar a vida de sentido.

Um aspecto curioso é que, apesar de Fairbairn declarar sua predileção por outras manifestações artísticas que não as surrealistas, ele praticamente só menciona obras surrealistas ao longo dos textos. Segundo ele, por serem menos elaboradas, essas obras permitiriam enxergar com mais clareza os processos envolvidos no fazer artístico e na fruição da obra de arte.

Uma noção importante, trabalhada em um dos textos (Fairbairn, 1938b), é a de *found objects*. Na época, alguns artistas, aos quais ele se refere genericamente como surrealistas, tinham como proposta levar objetos do mundo ou composições feitas a partir de pedaços de objetos preexistentes para serem expostos em museus e galerias[3]. Há, nessa proposta, uma clara tentativa de problematizar, dentre muitas outras coisas, o estatuto da autoria de uma obra de arte. Afinal, o artista define como obra de arte um objeto que não foi ele quem fez. Fairbairn propõe que os *found objects* são aqueles diante dos quais o artista descobre significados simbólicos que ele busca preservar e emoldurar.

3 A mais célebre e precursora dessas obras é *A fonte*, o urinol levado para ser exposto na Society of Independent Artists por Marcel Duchamp, em 1917.

> Eles representam para aqueles que os descobrem a união entre o mundo da realidade exterior e o mundo da realidade interior; e em virtude disso eles são vistos como se possuíssem uma super-realidade, o que obviamente reside na capacidade deles de agirem como símbolos de satisfação do desejo (p. 399).

Um pouco antes no texto, utilizando-se dos termos dos próprios surrealistas, Fairbairn definiu a super-realidade como aquela que existe objetivamente no mundo material e, ao mesmo tempo, no inconsciente. Diante dos *found objects*, Fairbairn propõe a formulação paradoxal de que o artista é alguém que encontra um objeto que ele mesmo criou.

> Já que o artista não é responsável pela existência do objeto, mas simplesmente o "encontra", ele desempenha o papel de espectador tanto quanto qualquer pessoa do público que "encontra" esse tipo de objeto em uma exposição surrealista. Por outro lado, na medida em que o artista é a pessoa que descobre um significado inédito no objeto e o captura ao isolá-lo do seu ambiente, ele precisa ser visto, de um modo bastante inteligível, como o criador do objeto (p. 399 e 400).

Entretanto, propõe Fairbairn, esse paradoxo não se instaura apenas no caso do artista diante de seus *found objects*.

A pessoa do público, ao encontrar o objeto de arte, também recoloca o mesmo paradoxo: o significado que a obra de arte assume para ela é percebido ou criado? Desse modo, Fairbairn usa a discussão sobre os *found objects* para se aproximar da discussão sobre a experiência estética.

> O caráter estético da experiência ocorre no espectador que se vê diante de um "*found object*", não importando se o objeto pertence ao mundo da natureza ou ao mundo da arte. O mundo da arte, entretanto, difere do mundo da natureza pelo fato de que ele é composto exclusivamente pelos "*found objects*", ao passo que, no mundo da natureza, o "*found object*" é apenas incidental (p. 403).

Fairbairn toma emprestado uma proposta dos artistas surrealistas e amplia muito seu alcance para, por meio dela, definir um tipo de objeto intermediário, com o qual se vive uma experiência estética.

Toda essa discussão sobre os *found objects* é muito relevante e nos faz encontrar retrospectivamente os ancestrais do objeto transicional, que seria proposto por Winnicott (1951) alguns anos depois[4]. Além disso, ela nos conduz a outra discussão igualmente fundamental, que começaremos a enfrentar a partir de agora.

[4] Vale ressaltar que o texto em que discute a ideia dos *found objects* foi lido na Sociedade de Psicanálise em 1938, em uma conferência que contou com a presença de Winnicott.

Já sabemos que os *found objects* podem estar na galeria, na floresta ou no quintal. O que os diferencia dos objetos ordinários? Em outros termos, por que, diante de alguns objetos, o sujeito vive a experiência estética, enquanto outros objetos não são capazes de suscitar essa experiência nele?

Fairbairn propõe duas perspectivas concomitantes para tentar dar conta dessa questão. Em primeiro lugar, o autor propõe que os *found objects* são aqueles capazes de funcionar como objetos oníricos. Em segundo lugar, ele propõe que esses objetos precisam cumprir a função de reforçar a crença do sujeito na existência do amor e da bondade. Os *found objects* são, portanto, aqueles que podem funcionar como objetos reparatórios.

Desde Freud, aprendemos que o sonho é o guardião do sono. Por meio dele, os aspectos pulsantes do inconsciente podem encontrar vazão, de um lado, e continência simbólica, de outro, de modo a assegurar as condições apropriadas para o descanso. A obra de arte, da mesma forma, cumpriria a função de dar continência simbólica para os impulsos inconscientes, isto é, para os aspectos desmedidos, ameaçadores e inomináveis do si mesmo.

O fazer artístico é como o trabalho do sonho. Ele também se alimenta da transformação de aspectos inconscientes em conteúdo manifesto. Na arte, como no sonho, o fenômeno da resistência determina a transformação das fantasias inconscientes que não podem vir à tona e, a partir disso, é forjado o conteúdo manifesto, no caso do trabalho do sonho, e a obra de arte, no caso do fazer artístico. A diferença é que, no caso da obra de arte, essa transformação se dá por meio da atividade motora. A resistência, portanto, não é só um fenômeno psíquico, mas também determinada pelas características do material com o qual se trabalha.

Para Fairbairn (1938b), o que há de desmedido e ameaçador no inconsciente é principalmente sua faceta destrutiva. O inconsciente é feito de partes destroçadas, de ódio que ameaça a integridade dos objetos amados, de amores sádicos e devoradores. Desse modo, ao mesmo tempo que dá vazão e continência simbólica aos impulsos inconscientes, principalmente aos destrutivos, a criação de uma obra de arte também é um gesto concreto de reparação. A criação de uma obra de arte é um gesto amoroso por meio do qual o sujeito busca reconstituir a integridade do objeto amado. Aqui, os ecos das teorizações kleinianas se fazem ouvir com nitidez.

Fairbairn (1938a, 1938b) parte da proposição de que o fazer e o fruir a obra de arte são, ao mesmo tempo, maneiras de sonhar os aspectos desmedidos do si mesmo e de se reassegurar de que o objeto amado continua vivo e inteiro. A partir disso, enfatiza bastante quanto a criação artística precisa ser simultaneamente a expressão dos aspectos destrutivos e a concretização de um gesto amoroso.

Quando pende muito para o lado da expressão dos aspectos destrutivos, a obra de arte torna-se muito crua e suscita reações muito intensas de rejeição. Nesse sentido, não consegue ser o suporte para a experiência estética. Se uma urgência instintual irrompe de modo abrupto, isso suplanta a capacidade de o sonho ser o guardião do sono, e o sujeito acorda. Alguma capacidade de contenção, que se dá a partir da criação de representações simbólicas, faz-se necessária. Do mesmo modo, propõe Fairbairn, uma obra de arte que fira a sensibilidade do espectador e o exponha de forma muito crua à brutalidade do material inconsciente não se presta a ser sonhada[5]. Por outro lado, quando a balança pende para o outro lado e a busca por um ideal de beleza implica um afastamento muito grande do aspecto desolador, desmedido e ameaçador do si mesmo, a obra de arte acaba por se tornar asséptica demais, distante demais.

Então, ao discutir as experiências de criar e de fruir uma obra de arte, Fairbairn se depara com duas temáticas importantes: a reparação e o trabalho do sonho. Estranhamente, as duas temáticas não aparecerão novamente na obra de Fairbairn nas décadas de 1940 e 1950.

Apesar de se referir a vários sonhos de pacientes ao longo desses textos mais tardios, Fairbairn nunca mais se debruçará sobre o próprio processo de sonhar. Os sonhos serão vistos apenas como se fossem retratos estáticos da situação endopsíquica, e não mais como se fossem a expressão de um processo de criação.

---

[5] É claro que a obra não é bruta em si mesma. Para Fairbairn, por exemplo, esse homem nascido na Escócia do século XIX, as obras dos artistas surrealistas são cruas demais e, portanto, não se prestam muito a ser sonhadas.

Nos dois textos de 1938, por outro lado, parte-se da constatação de que o sonho nasce da tentativa sempre precária, e portanto, inesgotável, de criar representações simbólicas para o que é inconsciente, isto é, para o que não se deixa dizer diretamente.

Em tais textos, o inconsciente ainda guarda essa dimensão do indizível. Fairbairn localiza nele a existência de impulsos, desejos ou necessidades emocionais. Ele usa os termos indiscriminadamente, como se fossem sinônimos. Parece-nos que, nesses textos, em que ele ainda não estava comprometido com a esquematização da estrutura endopsíquica, da qual se ocuparia na década de 1940, ainda há espaço para se referir aos aspectos nebulosos, indizíveis, do inconsciente.

Freud propõe que a pulsão se localiza na fronteira entre o orgânico e o psíquico. Trata-se, portanto, de algo que, por sua própria natureza, resiste a ser dito e representado. Na estrutura endopsíquica de Fairbairn, essa dimensão da pulsão será perdida.

No modelo proposto por Fairbairn na década de 1940, tudo será muito bem definido em termos de estruturas, e não sobrará mais espaço para teorizar sobre os processos criativos. Trata-se de um movimento curioso, quando o desenvolvimento de um modo de pensar sobre o psiquismo leva o autor a deixar de discutir justamente os processos menos organizados.

Nos textos da década de 1940, em nome da coerência teórica, Fairbairn propõe sua principal tese. Ele se proclama como alguém que está inaugurando um novo modelo, no qual não existe energia sem a estrutura. Independentemente de concordarmos ou não com essa proposta, o que se pretende ressaltar é quanto, nesse caso, o compromisso com a coerência teórica o afasta da discussão sobre as experiências que se fundam no indizível, no irrepresentável. A dimensão patológica do psiquismo combina muito mais com os modelos coerentes do que a dimensão criativa.

A ausência da discussão sobre a reparação, nos textos das décadas de 1940 e 1950, também é outro aspecto para o qual queremos chamar a atenção. A reparação é um processo por meio do qual o sujeito pode refazer a relação com os objetos que carrega dentro de si, com os conteúdos de seu mundo interno. Da situação em que se vê afundado na impotência, no ressentimento, na descrença e na maldade, o sujeito, por meio do gesto reparatório, pode resgatar, pelo menos em parte, a crença na existência da bondade. Entretanto, nos textos da década de 1940, Fairbairn estava preocupado em definir o psiquismo em termos de estruturas estanques, o que fez que ele deixasse de lado a dimensão dos processos, da temporalidade, do acontecer.

Além disso, a reparação é um gesto de um sujeito que alcança, ainda que provisoriamente, a experiência de integração. Só quando vive a experiência de *ser* o sujeito pode encarar o que há dentro de si e pode fazer alguma coisa com isso. Entretanto, nos textos tardios, o ego central postulado por Fairbairn está sempre tão ocupado com a tarefa de lançar mão de mecanismos defensivos que não sobra tempo para a experiência de *ser*, de existir, de olhar para dentro de si e para o mundo. A reparação é um gesto amoroso de um sujeito que *existe*.

Estamos discorrendo sobre o modo como Fairbairn concebia o brincar, a clínica com crianças e a experiência estética nos textos da década de 1930. A nosso ver, três motivos tornam essas considerações relevantes. Em primeiro lugar, é interessante constatar quanto as formulações propostas pelo autor há mais de oitenta anos continuam atuais e servem para iluminar discussões da clínica e da teoria psicanalíticas contemporâneas. Em segundo lugar, há o interesse pelo lugar que esses textos ocupam na história do pensamento psicanalítico, ao antecipar algumas contribuições fundamentais que Winnicott faria alguns anos mais tarde e ao propor uma utilização singular para os aspectos da teoria de Klein que estavam começando a ser formulados. Por último, a leitura dos textos de Fairbairn da década de 1930 pode fornecer elementos para realizarmos uma leitura crítica dos textos maduros do autor. Brincar, criar, amadurecer, fruir e reparar são processos fundamentais da vida humana nos quais Fairbairn tinha um interesse muito vivo. O autor não só deixou de lado a discussão sobre esses temas como, inclusive, optou por não incluir os dois textos sobre arte nem o texto sobre o brincar no livro *Psycho-analytic studies of the personality*, que publicou em 1951[6]. Por que, em seus textos maduros, ele deixou tudo isso de lado?

[6] Em carta para Guntrip (apud Sutherland, 1989), Fairbairn afirma que, embora haja algo de muito importante nos textos de 1938, ele preferiria

A nosso ver, mais importante do que especular sobre os motivos que levaram a essas mudanças é usar os textos da década de 1930 para lançar luz sobre as lacunas, as insuficiências do esquema proposto pelo autor na década de 1940. Nesse caso, ele próprio funciona como seu principal crítico.

Considerações finais

Na década de 1930, Fairbairn estava muito bem instaurado na Universidade de Edimburgo. Nesse lugar, era convidado a participar de debates com públicos diversos, ministrava cursos na própria universidade, atendia pacientes na clínica infantil. Em meio a tudo isso, fez algumas viagens a Londres e apresentou trabalhos para os psicanalistas de lá.

No fim da década de 1930, na Universidade de Edimburgo, Fairbairn começou a ser alvo constante de críticas e ataques movidos pelo argumento de que ele professava ideias não científicas[7]. Enquanto ruía o lugar institucional a

---

reescrevê-los antes de publicá-los novamente. Entretanto, ele nunca chegou a concretizar isso.

7 O próprio Fairbairn (1939a) proferiu uma palestra muito interessante em que discutiu os motivos que levaram a psicanálise a ser banida da universidade. Segundo o autor, a psicanálise cumpre a função de chamar a atenção para o aspecto necessariamente destrutivo do ser humano e evidenciar o caráter defensivo das ideologias e das construções culturais. Isso suscita resistências. A universidade vive a contradição de ser a guardiã da cultura tradicional e, ao mesmo tempo, o espaço para o fomento do livre pensar. Ao

partir do qual Fairbairn podia se autorizar a discutir os temas mais diversos, ele passou a ser acometido por um sintoma penoso que o impedia de urinar longe do ambiente protegido de sua casa. Assim, além de se ver banido da instituição da qual fazia parte, Fairbairn também passou a ter cada vez mais dificuldades para se deslocar até Londres e participar de debates com os psicanalistas de lá.

Então, há um contraste muito marcante. Muitos dos textos da década de 1930 são dirigidos a interlocutores reais, com os quais ele dialoga diretamente. Os textos da década de 1940, por outro lado, são o resultado de um trabalho concebido em relativo isolamento e passam a girar em torno da própria questão do isolamento, da esquizoidia, da cisão.

Os interesses, que antes estavam concentrados na relação entre o mundo interno e o mundo externo, passaram a se dirigir, quase que exclusivamente, ao universo intrapsíquico, com suas estruturas, seu aspecto patológico e atemporal. As considerações sobre a dimensão do tempo e dos processos cederam lugar ao caráter estanque das relações internas.

Além disso, também é interessante destacar que, só a partir da década de 1940, Fairbairn passou a se proclamar como alguém que estava superando os alicerces do modelo

---

banir a psicanálise e vetar o acesso dos jovens estudantes ao conhecimento psicanalítico, a universidade, em nome da resistência, age como guardiã da cultura tradicional.

freudiano. Então, na década de 1930, uma certa indefinição a respeito do estatuto teórico das pulsões permitia a ele se sentir mais à vontade para se referir à dimensão do irrepresentável – motriz da criatividade e do sonho. Quando, mais tarde, tudo se torna muito bem encaixado na estrutura endopsíquica, fica faltando lugar justamente para o que não se presta a ser encaixado.

Antes de encerrarmos, vale enfatizar que muito pouco foi dito sobre os textos que Fairbairn escreveu ao longo da década de 1930. Como dissemos, um dos motivos para isso é que, com exceção de alguns casos clínicos e de alguns textos de cunho mais sociológico, que foram incluídos no livro *Psycho-analytic studies of the personality*, os demais textos só foram publicados em livro em 1994, muitas décadas depois da morte do autor. Boa parte deles permaneceu totalmente inédita até então. Quando se fala em Fairbairn, fala-se principalmente sobre os textos teóricos produzidos pelo autor ao longo da década de 1940, mas bem menos sobre os textos que escreveu na década de 1950 e quase nada sobre os textos da década de 1930.

As únicas menções que encontramos sobre os textos dessa década foram feitas por Birtles & Scharff (1994), os editores responsáveis por compilá-los e publicá-los em livro, e por Sutherland (1989), que teceu comentários sobre alguns deles ao escrever a biografia de Fairbairn. Ao comentarem os textos da década de 1930, Sutherland e, principalmente, Birtles & Scharff fazem uma leitura tendo como parâmetro os textos da década de 1940, nos quais ele fez suas contribuições mais originais. Com isso, o principal objetivo da leitura que propõem é distinguir os momentos em que os textos já anunciam a ruptura com a noção de energia de Freud, que ele só conseguiria formular plenamente na década seguinte, e os momentos em que ainda estão aprisionados por essa noção freudiana. A nosso ver, esse é um modo de leitura que faz que os autores não atentem para a diversidade temática e para o universo de questões e concepções que são abertos pelos textos da década de 1930.

Nossa proposta aqui foi inverter essa lógica. Em vez de medir os textos iniciais com a régua definida pela leitura dos textos mais tardios, usamos os textos iniciais de modo a chamar a atenção para os interesses e as posições de Fairbairn que ficaram silenciados nos textos tardios e na obsessão desses textos de fundar as bases de uma nova psicanálise.

Estamos dando tanta ênfase a essa discussão porque ela nos parece especialmente importante em relação à obra de Fairbairn. Ainda que ele não tenha construído um grupo de seguidores, os autores que comentaram sua obra frequentemente se viram obrigados a se posicionar contra ou a favor da ruptura em relação a Freud que ele estava proclamando. Com isso, muitas nuances dos textos de Fairbairn, muito de seus interesses e de suas contribuições acabaram se perdendo diante da existência de um dilema tão onipresente.

2.

Um passeio pelos textos da década de 1940

Ao analisarmos os textos de Fairbairn da década de 1940, deparamo-nos com um autor que passou a se debruçar sobre interesses bem mais circunscritos em comparação com a profusão de interesses que caracterizou os textos da década de 1930. A virada da década marcou a entrada em cena de um psicanalista mais recluso, absorvido pela grandiosa pretensão de fundar um novo sistema teórico no âmbito da psicanálise. O resultado dessa experiência de maior reclusão foi a produção de uma série de textos teóricos, inicialmente publicados em diversos periódicos especializados, e depois reunidos na primeira parte do livro *Psycho-analytic studies of the personality*.

A sequência de sete textos teóricos escritos na década de 1940 revela um autor sistemático que retoma, em cada um deles, as contribuições interessantes, as lacunas e as falhas dos textos anteriores, ainda que cada um dos textos aborde uma questão diferente e guarde uma certa independência em relação aos demais.

O primeiro texto da série, de 1940, propõe-se a apresentar os processos mentais de natureza esquizoide. Nele, o autor discorre longamente sobre as dificuldades que determinados tipos de paciente têm para confiar nos objetos do mundo e estabelecer ligação com eles. Fairbairn propõe que essas dificuldades se instauram por causa das falhas do objeto durante o período de dependência inicial. A partir disso, ele afirma que os processos esquizoides, fundados na cisão entre o interno e o externo e nos mecanismos de cisão do ego, são muito mais frequentes do que se costuma considerar.

No segundo texto, de 1941, o autor apresenta um modelo de desenvolvimento calcado nas relações de objeto, em oposição ao modelo calcado nas fases do desenvolvimento libidinal que fora proposto por Abraham alguns anos antes. Para Fairbairn, no início, o bebê estabelece com a mãe uma relação de dependência marcada pela identificação. Em seguida, na fase de transição, vive o conflito entre se abrir para as relações maduras com os objetos exteriores ou se manter atrelado à relação de dependência com os objetos primordiais. Finalmente, na fase madura, o sujeito se torna capaz de cultivar ligações com os objetos do mundo.

No terceiro texto, de 1943, a proposta é discorrer sobre o mecanismo repressivo. Para o autor, ao se deparar com as falhas inevitáveis na relação de dependência, a criança se vê obrigada a introjetar o objeto do qual depende. A repressão é o mecanismo por meio do qual ela tenta manter sob controle esse objeto que se incrustou em sua estrutura de personalidade. Outra contribuição importante do texto é a formulação da ideia de defesa moral. Para o autor, a criança localiza em si a origem da maldade que se abate sobre ela e, com isso, purifica os pais reais, isto é, passa a concebê-los como objetos justos e confiáveis. Esses objetos purificados, ao serem introjetados, atuam como uma consciência moral do sujeito e o tornam envergonhado e culpado pela maldade que carrega dentro de si. A defesa moral age porque, para a criança, é preferível ser má em um mundo governado por um Deus justo e previsível do que ser boa em um mundo governado por um demônio imprevisível e arbitrário.

O quarto texto, denominado "Endopsychic structure considered in terms of object-relationships", é talvez o mais importante e conhecido dos textos do autor. As discussões anteriores sobre as bases esquizoides da personalidade, sobre o emprego dos mecanismos repressivos, sobre a introjeção dos objetos maus são retomadas e o ajudam a formular seu modelo universal de estrutura interna. Fairbairn (1944) reafirma a ideia de que as perturbações nas relações de objeto estabelecidas pelo ego em desenvolvimento estão na origem de todas as condições psicopatológicas. Mais do que isso, ele propõe que a própria constituição de uma estrutura endopsíquica, enquanto uma instância interna apartada do mundo exterior, é resultado dessas falhas inevitáveis.

Os quatro textos em que Fairbairn elabora seu modelo teórico foram escritos e publicados em um intervalo de apenas cinco anos. Depois de 1944, o autor ainda escreveu três textos, mas eles se limitaram a sistematizar e retomar as contribuições feitas nos anteriores.

Uma das grandes novidades propostas por Fairbairn nos textos da década de 1940 é a reformulação que propõe no modo de conceber a libido. Nessa reformulação, há duas modificações importantes que estão em jogo. A primeira delas é a ideia de que não é possível conceber a existência de energia sem estrutura, isto é, de pulsões autônomas, reguladas pelo princípio do prazer. Ao contrário, toda energia é manifestação da vitalidade do ego, de seu movimento em direção ao mundo e aos outros. Em outros termos, para o autor, não existe o id como uma instância separada do ego. A segunda modificação importante é que ele passa a defender que a finalidade desse movimento em direção ao mundo sempre é a de estabelecer ligações amorosas com os objetos.

Para o autor, o destino do ser humano é estabelecer relação com outros humanos. Todo desvio de rota é atribuído às distorções decorrentes das falhas ambientais. Quando os objetos não se oferecem suficientemente para a relação amorosa com a criança, esse impulso de se ligar aos objetos, de estabelecer relação com eles, precisa ganhar uma destinação, porque se dirigir ao objeto e não encontrá-lo é cair no vazio, é se esfacelar. Então, essas mesmas energias que inicialmente se dirigem ao mundo passam a sustentar ligações entre o sujeito e os conteúdos que carrega dentro de si, protegendo-o dos riscos inerentes às relações com os objetos exteriores.

O que parece muito importante nessa proposta de Fairbairn é que ele conseguiu defender a primazia das relações de objeto no processo de constituição do self sem precisar abrir mão da existência de uma dimensão libidinal.

A teoria do desenvolvimento

Fairbairn (1941) propõe uma teoria de desenvolvimento assentada nos modos como o indivíduo se relaciona com os objetos ao longo do processo de amadurecimento. Nessa concepção, desde o início da vida, há relação objetal, a qual, idealmente, evoluiria de uma situação de dependência infantil para uma situação de dependência madura[1].

A condição de dependência infantil, tal como postulada por Fairbairn, caracteriza-se por uma predominância do receber em detrimento do oferecer e pela identificação primária do ego com o objeto. Em outros termos, diríamos que o bebê é uma grande boca que precisa do seio, ao mesmo tempo que ele é uma parte do seio e o seio é uma parte dele.

---

1 Fairbairn reitera seguidamente as críticas à concepção de desenvolvimento libidinal proposta por Abraham. Segundo ele, a teoria de Abraham incorre no erro de afirmar que os tipos de ligação com o objeto – oral, anal, fálica e genital – são determinados pelo desenvolvimento dos padrões libidinais, quando, na verdade, a equação deveria ser invertida. É a relação com o objeto que determina a "técnica" da qual o indivíduo lança mão para se relacionar com ele.

> No que concerne ao infante, a boca é o principal órgão de desejo, o principal instrumento de atividade, o principal meio de satisfação e de frustração, o principal canal de amor e ódio, e, mais importante do que tudo, o primeiro meio de contato social íntimo (Fairbairn, 1940, p. 10).

A partir da experiência de amamentação, o bebê começa a diferenciar os estados de estar vazio nos momentos que antecedem a amamentação e de estar cheio após ser amamentado. Aos poucos, ele estende essa capacidade de diferenciação para o seio, que, em situações normais, fica cheio antes das mamadas e se esvazia depois para, em seguida, encher-se novamente, e assim sucessivamente.

> [...] o seio da mãe e presumivelmente, da perspectiva da criança, a própria mãe estão normalmente cheios antes e vazios após a amamentação – condições maternas as quais a criança se torna capaz de perceber a partir de sua própria experiência de plenitude e esvaziamento (p. 11).

Fairbairn propõe que, junto à relação com o seio, já está constituída desde o início a capacidade de se relacionar com a pessoa inteira da mãe. Para o autor, o ímpeto primordial do bebê é estabelecer e aprofundar os vínculos amorosos com esse objeto que ele já é capaz de perceber rudimentarmente como separado. Nesse sentido, o paradigma da amamentação, de se ver na dependência de um outro que é capaz de restabelecer constantemente sua capacidade de oferecer coisas boas, não se refere apenas à relação do bebê com o seio e com o leite materno, mas também à relação dele com a pessoa da mãe e com o amor que ela tem a oferecer.

Nesses processos, a sobrevivência física da criança e sua sobrevivência enquanto um ser integrado dependem de objetos que são exteriores a ela. O seio/mãe, com sua capacidade circular de se deixar esvaziar e se encher novamente, é um objeto misterioso que se torna incompreensível e traumático para a criança quando a circularidade se rompe. Por outro lado, quando tudo vai bem, essa oscilação entre a condição ativa de buscar o seio e a condição passiva de aguardar que ele se encha novamente vai reforçando a confiança do bebê nos processos internos e externos e fortalecendo a experiência de ser alguém integrado.

Então, do ponto de vista do bebê, há algo exterior a ele, capaz de sobreviver aos seus ímpetos famintos e de se encher novamente até a próxima mamada. Em situações em que a mãe é capaz de sustentar essa circularidade e os fluxos podem se estabelecer normalmente, o caráter de alteridade do seio/mãe se torna quase imperceptível, e a criança pode se assentar na crença de que os processos que precisam acontecer realmente acontecem. Ela, então, torna-se capaz de usar as coisas boas que recebe da mãe como matéria para suas primeiras criações.

"A excreção representa a primeira atividade criativa do indivíduo, e os seus produtos são suas primeiras criações – os primeiros conteúdos internos que ele externaliza, a primeira coisa que pertence a ele que ele dá" (p. 14).

O ato de oferecer à mãe algo que é criado pela criança a partir do leite/amor recebido surge com o processo de excreção, em um primeiro momento, e depois se estende a outras formas de criação e de doação das quais a criança vai se tornando capaz. O significado desses processos de excreção/doação só pode se completar se houver do outro lado uma mãe capaz de aceitar esses gestos de amor.

Na concepção de desenvolvimento proposta por Fairbairn (1941), a capacidade de dar, isto é, a capacidade de cultivar as relações com os objetos exteriores, é característica da fase madura. Nela, o indivíduo não está mais tão à mercê dos caprichos dos objetos porque ele é capaz de buscar ativamente as condições para a satisfação de suas necessidades psicológicas. Além disso, a relação de identificação primária, característica da dependência inicial, é substituída por relações de mútua cooperação entre pessoas inteiras.

Fairbairn propõe que, entre a fase madura e a fase da dependência infantil, existe uma fase de transição, em que se instaura o conflito entre permanecer na condição de dependente das imagos paternas internalizadas ou libertar-se delas. No primeiro caso, o risco é ser engolfado nessa relação e se ver para sempre paralisado. No segundo caso, o risco é se ver isolado e abandonado, não conseguir se ligar a outros objetos e, em última instância, ver-se condenado à morte psíquica.

O modo como o indivíduo foi ou não sustentado ao longo do período de dependência inicial define o modo como se posicionará diante desse conflito. Como dissemos, a relação de dependência é marcada pela profunda identificação da criança com o objeto. Assim, as falhas persistentes nessa relação instauram uma insegurança básica na criança quanto à qualidade de seus conteúdos interiores e quanto a sua capacidade de cultivar boas relações. Para estabelecer relações maduras, o indivíduo precisa estar seguro de que há conteúdos bons em seu interior e que os objetos exteriores são bons e dignos de confiança. Ele também precisa ser capaz de abrir mão das relações de dependência infantil, o que, em alguma medida, significa reconhecer que as necessidades emocionais que não foram satisfeitas nunca mais o serão.

Se, na fase de dependência inicial, o bebê está totalmente à mercê dos objetos, e todas as falhas o constituem como um ser fragmentado, desprovido e nocivo, na fase de transição ele já se vê capaz de lançar mão de algumas defesas. Fairbairn (1943a) menciona que as técnicas defensivas histéricas, obsessivas, paranoicas e fóbicas são características dessa fase do desenvolvimento.

Não nos cabe fazer aqui uma apresentação mais exaustiva de cada uma dessas técnicas defensivas. Gostaríamos apenas de destacar que, na fase de transição, a criança se torna capaz de instaurar a cisão entre um objeto bom, concebido como aquele que propicia à criança experiências de satisfação de suas necessidades físicas e psicológicas, e o objeto mau, ao qual é atribuída a responsabilidade pelas inevitáveis experiências de frustração e de rejeição vividas pela criança. Temos, então, que a total indiferenciação em que vive submerso o bebê durante a fase de dependência inicial passa a dar lugar a uma capacidade nascente de se diferenciar, ainda que de modo rudimentar, e de se defender.

Apesar de Fairbairn estar se propondo a falar sobre o processo de constituição do si mesmo em termos de uma teoria do desenvolvimento calcada nas relações de objetos, há vários elementos presentes nos textos do autor que desconstroem a possibilidade de falar sobre as coisas em termos lineares.

É preciso ressaltar que, para Fairbairn, desde o início, existe um movimento do bebê no sentido de se ligar à mãe enquanto um objeto inteiro, ainda que esse movimento seja rudimentar e muito marcado pelo mecanismo de identificação. Desse modo, paradoxalmente, aquilo que só se constituiria na fase de dependência madura está presente desde o início.

Também há que se considerar que a fase de dependência madura não é propriamente uma fase, mas um ideal nunca plenamente atingido. Isso porque não se tem notícia de alguém que tenha passado ileso pelo período de dependência inicial. Todos conservam, em alguma medida, uma relação de devoção com os aspectos maus dos objetos da dependência infantil. Além disso, mesmo as relações estabelecidas na idade adulta envolvem algum grau de indiferenciação entre eu e outro. Assim, os conflitos característicos da fase de transição não são específicos de uma fase do desenvolvimento, mas são conflitos que permeiam necessariamente todas as relações humanas.

Nosso autor propõe uma teoria do desenvolvimento, mas, quando a analisamos mais a fundo, percebemos que ele não está propondo uma sucessão linear de modalidades de relação com o objeto. Em vez disso, o que está proposto é a existência de três modalidades de relação com o objeto que convivem lado a lado, ao longo de todo o processo de desenvolvimento, ainda que, em cada uma das fases, predomine uma das modalidades.

O leite escasso

Apesar de termos colhido aqui e ali algumas contribuições muito interessantes de Fairbairn (1940, 1941) sobre os processos intersubjetivos a partir dos quais o bebê se constitui, é preciso considerar que o interesse principal do autor não é discorrer sobre o que acontece quando tudo vai bem. O objetivo principal de Fairbairn é sempre discorrer sobre os fatores esquizoides da personalidade, que se constituem como reação às experiências traumáticas de desencontro.

No que discutimos até aqui, salientamos a existência de três processos fundamentais que compõem o ciclo de relação da criança com a mãe. O processo de receber o leite/amor da mãe, o processo de fazer uso do leite/amor recebido e o processo de devolver a ela o amor/excremento. Fairbairn (1944) propõe que a situação traumática é aquela na qual a mãe não é capaz de amar a criança como um ser separado nem de se deixar amar por ela. Nessas situações, o ciclo de relação é rompido, e a criança se vê obrigada a se proteger das experiências de receber e de dar. Em outros termos, seu ímpeto libidinal é retirado do mundo externo e passa a hiperinvestir nos conteúdos internos.

O esvaziamento da experiência de receber amor se dá por meio da substituição do objeto total por um objeto parcial. A criança deixa de se relacionar com a pessoa da mãe e passa a se relacionar com o seio enquanto fonte de gratificação. A relação de amor com o objeto dá lugar a uma relação meramente utilitária, interesseira, em que o prazer deixa de ser um componente da experiência de encontro e se converte em um fim em si mesmo.

Nessas situações, a experiência de amamentação deixa de ser vivida em todo o seu significado emocional, tornando-se apenas um meio para extrair/roubar ao máximo as coisas boas do mundo exterior e armazená-las no mundo interior, onde elas finalmente poderão ser amadas e manipuladas pelo sujeito a seu bel prazer. Assim, o ímpeto acumulativo origina-se na sensação de que o leite que a mãe tem a oferecer é escasso. Como resultado, o sujeito se vê compelido a não só introjetar todo o leite/amor que conseguir, mas também a introjetar a própria fonte de onde jorra o leite/amor de modo a mantê-la sob controle onipotente.

O apego aos conteúdos internos e a preocupação com a realidade interior são os traços mais marcantes dos indivíduos esquizoides. Não é à toa, afirma Fairbairn (1940), que muitos fanáticos, cientistas e intelectuais são reconhecidamente sujeitos esquizoides.

> Esses indivíduos são mais inclinados a construir sistemas intelectuais bem elaborados do que a estabelecer relações emocionais com os outros em bases humanizadas. Há uma outra tendência por parte deles de fazer com que os sistemas criados por eles se tornem objetos libidinais (p. 21).

Muitos desses indivíduos são apaixonados pelos sistemas de pensamento e, em alguma medida, desligados das coisas, dos processos e das pessoas. Em vez de se deixarem absorver pelas inesgotáveis relações cotidianas, ancoradas nos movimentos de dar e de receber, boa parte da libido se concentra e se fixa nos conteúdos internos, nos processos corporais que se convertem em processos de pensamento. Para Fairbairn, o sentimento de grandiosidade associado aos sistemas de pensamento surge do bloqueio dos processos de trânsito e da criação de verdadeiros bolsões internos inflacionados, entumecidos.

Se, antes, discorremos sobre o processo defensivo de esvaziar o significado emocional do ato de receber leite/amor, não é difícil concluir que o apego desesperado do indivíduo esquizoide aos conteúdos que são introjetados também cria dificuldades para que ele possa oferecer algo ao outro. O paciente esquizoide constitui, a muito custo, um objeto interno valioso – o pênis do pai, o seio da mãe. Ao fazer isso, ele diminui drasticamente sua dependência em relação aos objetos valiosos que se encontram no mundo exterior[2].

Em Fairbairn, o que confere sentido à vida é a possibilidade de se ligar aos outros. Fora disso, só há vazio. É para se defender do vazio que o esquizoide busca avaramente manter seu objeto secreto e valioso. Ele o protege ciosamente de qualquer contato com um mundo exterior, que para ele é hostil e inóspito. Nada sobrevive a esse contato. Oferecer algo assume o significado de abrir mão de conteúdos que foram muito custosamente incorporados. Relacionar-se, nesse sentido, equivale a se depauperar. Por isso, uma das características mais marcantes dos indivíduos esquizoides é serem fechados em si mesmos, distantes, inacessíveis[3].

---

2 Muitas vezes, a posse de um objeto secreto faz o indivíduo assumir um ar de mistério e acreditar-se brilhante, excepcional e incompreendido no seu brilhantismo.

3 Entretanto, propõe Fairbairn, a inacessibilidade do indivíduo esquizoide não se manifesta necessariamente por meio de uma atitude de se retirar do mundo das relações sociais. Muitos indivíduos lançam mão da técnica de substituírem os atos de expressar emoção e de se dar pelos atos de se exibir, de se mostrar. Aparentemente, eles estão presentes nas relações, mas só aparentemente, porque por trás dos gestos histriônicos, há a preservação

É importante reiterar que, na perspectiva de Fairbairn (1943a), todos nós, em alguma medida, entramos em contato com a precariedade de nossa existência no início da vida, quando as relações de dependência são ainda mais vitais para nossa sobrevivência física e psíquica. Para o autor, a personalidade humana funda-se na tentativa de conquistar alguma autossuficiência, o que implica, de certo modo, esvaziar o significado emocional dos atos de receber e de dar. Na tentativa de conquistar essa autossuficiência, todos nós nos vemos obrigados a lançar mão dos três principais mecanismos esquizoides: a onipotência como resposta à impossibilidade de confiar, o isolamento e o hiperinvestimento nos conteúdos internos. Assim, apesar de se manifestar mais explicitamente em pacientes severamente traumatizados, não é correto atribuir os fatores esquizoides a uma classe específica de indivíduos. A diferença é que, nos indivíduos neuróticos, essas bases estão mais distantes da consciência, e a capacidade de se relacionar com o mundo externo está menos comprometida.

Para o analista, afirma Fairbairn, é muito importante estar atento ao modo como o paciente se propõe a estabelecer a relação com ele. A esquizoidia caracteriza-se muito

de um interior secreto, que permanece inacessível. Muitos artistas, propõe o autor, lançam mão dessa técnica ao exibirem os seus conteúdos internos/obras de arte para não correrem o risco de perdê-los. Em situações mais graves, até o ato de exibir-se fica comprometido porque o próprio ato de se mostrar passa a estar associado ao risco de se depauperar, e o indivíduo se torna extremamente envergonhado, cioso dos seus segredos internos.

mais pela ausência de queixas e sintomas bem definidos do que pela presença de sintomas específicos, porque o sintoma já é a manifestação de um pedido de ajuda ao outro e de uma abertura àquilo que ele tem a oferecer. Entre os indivíduos mais marcadamente esquizoides, o autor inclui os esquizofrênicos, os que conferem um lugar central às práticas eróticas perversas na relação com os outros e os que lançam mão de recursos e técnicas para esvaziar totalmente o significado emocional das relações.

As raízes clínicas da estrutura endopsíquica: entre a escassez e a maldade

Fairbairn (1949), inspirado pelas teorizações kleinianas, propõe que o psiquismo funciona segundo uma lógica animista. Nessa lógica, não existem as contingências, o acaso. As causas de toda a satisfação e de toda a dor são atribuídas aos pais todo poderosos. A frustração e a necessidade não satisfeita são sempre vividas como rejeição por parte dos objetos primários. É por isso que a criança concebe as experiências traumáticas como manifestações ativas de rejeição por parte do objeto.

Quando já está instaurada a capacidade de se diferenciar do outro, a criança sente que o objeto a rejeitou porque ele a odeia. Nesse momento, ela já constituiu a possibilidade de odiar o objeto que a odeia. Entretanto, quando a experiência traumática se abate sobre a criança em um momento muito precoce, ela não se sente odiada, ela se sente odiável. Desse modo, a criança, ao deparar com falhas persistentes e precoces do objeto, passa a sentir que sua ávida necessidade de se ligar a ele é má e o esvaziou. Com isso, ela passa a entender que foi seu amor que destruiu a capacidade de amar da mãe. Assim, as falhas e as faltas do objeto instauram uma enorme desconfiança em relação aos conteúdos internos.

Didaticamente, poderíamos afirmar que a primeira cisão da qual o indivíduo lança mão ao se deparar com situações traumáticas é a cisão entre o interno e o externo. A partir dela, o indivíduo esvazia o significado emocional de tudo aquilo que é exterior e passa a se relacionar com o agente causador das experiências traumáticas como se ele fosse interno.

Até aqui descrevemos o processo por meio do qual o interior se torna o local que contém o que há de mais precioso. Entretanto, esse mesmo processo determina que o interior passe a conter também tudo aquilo que há de mais destrutivo. Tudo é, ao mesmo tempo, absolutamente maravilhoso e absolutamente terrível. Amor e ódio não se distinguem. Nessas situações, o indivíduo se vê confinado no caos de seus labirintos interiores, incapaz de dizer e de sentir.

Para tentar organizar um pouco esse caos, ele lança mão novamente do mecanismo de cisão, dessa vez para promover a separação entre, de um lado, os aspectos rejeitados e rejeitadores do mundo interno e, de outro, os conteúdos valiosos que foram introjetados e os ímpetos libidinais dirigidos a eles.

Essa é a ideia básica que está por trás do modelo de estrutura endopsíquica proposta por Fairbairn (1944): o amor e o ódio, inicialmente dirigidos à mãe, passam a imantar um mundo interno composto por objetos maravilhosos e excitantes, de um lado, e destrutivos e rejeitadores, de outro.

Para Fairbairn, a organização de uma estrutura endopsíquica é a maneira possível de se constituir às voltas com os desencontros traumáticos que caracterizam a situação de dependência infantil. Nessa estrutura, o indivíduo conquista alguma estabilidade ao descolar do ego central suas partes traumatizadas e ao estancar a busca pelos objetos do mundo exterior por meio de um intenso investimento libidinal nos objetos maus internalizados.

A partir da análise minuciosa do sonho de uma paciente, Fairbairn (1944) propõe seu modelo topográfico universal da estrutura endopsíquica.

> O sonho (manifesto) a que eu me refiro consistiu em uma breve cena na qual a sonhadora viu a si mesma sendo reiteradamente atacada por uma atriz bem conhecida em um prédio respeitável, que pertenceu à família dela (paciente) por gerações. O marido dela estava olhando, mas ele parecia desamparado e totalmente incapaz de protegê-la. Depois de desferir o ataque, a atriz se virou e voltou a desempenhar o papel que, pelo que é possível presumir, ela deixou de lado momentaneamente para desferir o golpe. A sonhadora, então, viu-se contemplando a figura

> de si mesma deitada, sangrando no chão; mas, enquanto contemplava, ela percebeu que essa figura se tornou, por um instante, um homem. Em seguida, a figura passou a alternar entre ela mesma e esse homem até que ela finalmente acordou em um estado de ansiedade aguda (p. 95).

O autor faz uma análise do sonho segundo a qual os personagens (a atriz, o marido, a figura da sonhadora intercalada com a figura do homem e ela enquanto observadora do sonho) corresponderiam a partes cindidas do ego e/ou a objetos internos da paciente. O sonho, portanto, é lido como se fosse um retrato do mundo interno.

No sonho, a atriz assume o lugar daquela que agride e, em seguida, volta a desempenhar seu papel. Fairbairn nos conta que a própria paciente agia como uma atriz em sua vida cotidiana. Desempenhava bem o papel de boa esposa, boa mãe, boa anfitriã. Apesar de desempenhar muito bem seus diversos papéis, sua personalidade real era inacessível para os outros. Com base nisso, o autor propõe que a atriz do sonho era a própria paciente desferindo um ataque contra ela mesma.

Muito material já tinha surgido na análise para justificar a afirmação de que a atriz do sonho também estava no lugar da mãe da sonhadora, "uma mulher artificial que nem era capaz de demonstrar qualquer afeição natural e espontânea pelos filhos nem recebia bem esse tipo de demonstração da parte deles" (p. 97).

Assim, a atriz era a mãe ao mesmo tempo que representava a própria paciente enquanto identificada com a mãe. Elas se fundiam para desferir o ataque.

Na vida de vigília, a paciente, ao se colocar como uma atriz a desempenhar o papel de boa mulher, estava, na verdade, atacando a própria possibilidade de se ligar verdadeiramente aos outros.

Analisemos agora os personagens que receberam o golpe da atriz. Em um primeiro momento, aparece a figura da própria sonhadora, no chão, ensanguentada. Em seguida, essa figura passa a se intercalar com a figura de um homem.

A partir das associações da sonhadora, vai ficando claro que o homem ensanguentado está muito próximo da figura do marido, a qual, por sua vez, está muito misturada com a figura do pai dela.

Tendo em vista os argumentos que não vamos retomar, Fairbairn propõe que a personagem ensanguentada representava o ímpeto libidinal da paciente, seu movimento de tentar se ligar aos outros. Ao mesmo tempo, na medida em que a figura ensanguentada se tornava um homem, ela também representava o objeto libidinal a quem a paciente buscava se ligar. Tanto o ímpeto libidinal quanto o objeto a quem ela buscava se ligar foram submetidos, no sonho, ao ódio destrutivo da atriz.

Pouco a pouco, Fairbairn vai compondo um panorama edípico a partir do sonho, em que a mãe aparece como rival, e o pai, como objeto libidinal.

No sonho, há ainda dois personagens sobre os quais precisamos falar. Há a própria sonhadora enquanto observadora daquilo que estava se passando, e o marido, que também observa a cena sem conseguir intervir.

Como vimos, a atriz e a personagem ensanguentada estão muito próximas das experiências infantis da paciente. Elas estão imersas em relações sangrentas de ódio e devoção.

Por outro lado, o marido que não sabe o que fazer e a sonhadora/observadora estão mais próximos do momento presente e da vida de vigília. Fairbairn propõe que o marido da paciente, de fato, podia fazer muito pouco por ela, já que, na maior parte do tempo, ela estava desempenhando o papel de boa esposa em vez de *ser* sua esposa. A paciente, por sua vez, também ocupava o lugar de espectadora da própria vida, na medida em que ela nunca podia estar presente e disponível para as relações.

Assim, enquanto as coisas pegavam fogo no mundo dos objetos internos da infância, não sobrava nenhum calor para aquecer as relações cotidianas da paciente com as pessoas de seu convívio.

Como dissemos, Fairbairn usa um sonho particular de uma de suas pacientes para propor uma discussão universal sobre o modo como se organiza a estrutura interna. A partir do sonho, Fairbairn chama especial atenção para duas questões principais.

A primeira é que as experiências infantis de rejeição, vividas pela paciente na relação com a mãe, continuavam sendo encenadas na realidade interna. Na relação com os maus objetos internos não há passagem do tempo, não há mudanças, não há processo.

Para Fairbairn, o registro infantil dos pais e de seus aspectos traumáticos são introjetados e se consolidam como objetos internos de intensa devoção e ódio. As partes do ego que permanecem devotadas a esses objetos maus se destacam do ego central e ganham uma certa independência. Assim, o mundo interno, nessa concepção, é a encenação de uma tragédia estática na qual os personagens permanecem capturados. Os objetos internos, na medida em que são resquícios das falhas na relação de dependência infantil, permanecem sempre assombrosamente maus, ao passo que as partes do ego devotadas a esses objetos permanecem na condição eterna de crianças traumatizadas.

No momento de dependência infantil, a maldade não tem limites estabelecidos, é infinita. O que se instaura, portanto, é uma maldade infinita sem a qual eu não sobrevivo. Toda tentativa é a de circunscrever essa maldade. Para isso, lança-se mão dos mecanismos defensivos. A cisão do ego visa descolar-se das partes traumatizadas para que o ego central possa seguir em frente sem olhar para o tamanho do estrago. A repressão visa mantê-la longe, sob controle. Sob efeito dos mecanismos defensivos, a maldade ganha algum contorno, pessoaliza-se. O objeto mau ganha personalidade.

A segunda questão a ser destacada é que o sonho dá figurabilidade para a relação de ambivalência que a paciente nutria em relação ao pai. Fairbairn nos informa que, ao mesmo tempo que o pai era para ela um objeto libidinal, também era fonte de ressentimento, seja porque, ao morrer na guerra quando a filha tinha apenas seis anos, ele a deixou só, seja por causa de outros episódios que o autor menciona apenas de relance. No sonho, o pai é o objeto do ataque da atriz ao mesmo tempo que conserva o caráter de objeto libidinal. Ele é o alvo do amor e do ódio.

No modelo de estrutura endopsíquica proposta por Fairbairn, a ambivalência em relação aos objetos primordiais permanece congelada. A devoção a esses objetos convive lado a lado com um grande ressentimento, com um grande ódio. Esse ódio, por sua vez, é dirigido aos objetos que foram internalizados e, ao mesmo tempo, à própria condição de fragilidade. A partir dessa construção teórica sobre uma ambivalência básica presentificada na estrutura endopsíquica, Fairbairn propõe-se a revisitar a questão da situação edípica e postulá-la como uma situação interna.

No sonho da paciente, como dissemos, o pai assume o lugar de objeto libidinal, e a mãe, o lugar daquela que pune e agride. Aparentemente, afirma o autor, trata-se de uma situação edípica na qual a mãe assume o lugar de superego, pune o ego por seus impulsos libidinais e aciona sentimentos intensos de culpa. Entretanto, para Fairbairn, a questão não é moral nem tem a ver com a culpa. A mãe é um objeto mau e vingativo. Não há culpa diante do ataque, mas ansiedade.

Na discussão anterior, vimos que a mãe é o objeto primordial com quem se estabelecem as primeiras relações de dependência emocional e física, porque é com ela que se vive a experiência da amamentação. O pai entra logo depois, mas a relação com ele só envolve a dependência emocional. Assim, para Fairbairn (1941), o pai é uma figura parental sem seio com quem a relação se dá apenas no plano emocional, ao passo que com a mãe a ligação também é física.

De qualquer modo, em ambas as situações, há traumatismos inevitáveis e a tentativa de se proteger deles por meio da introjeção dos aspectos maus. O conflito edípico é uma encenação externa de uma situação interna na qual a condição de objeto libidinal é projetada no genitor do sexo oposto, e a condição de objeto rejeitador é projetada no genitor do mesmo sexo.

A partir dessa nova descrição da rivalidade edípica proposta pelo autor, podemos compreendê-la em três dimensões distintas. No nível mais superficial, aparece o amor ao genitor do outro sexo e o ódio pelo genitor do mesmo sexo. Essa é a situação do sonho da paciente. Entretanto, se formos mais a fundo, percebemos que há ambivalência na relação com o genitor do sexo oposto e uma ambivalência primordial em relação à mãe.

A estrutura endopsíquica proposta por Fairbairn a partir da análise do sonho é composta por seis partes distintas (ego central, objeto ideal, objeto rejeitador, ego antilibidinal, objeto excitante e ego libidinal) que estabelecem umas com as outras várias modalidades de relação. A aparência desumana dessa obra de engenharia mental, feita de peças, engrenagens e interações repetitivas, justifica-se pela própria natureza do objeto a que o autor se dedica. Ele está se propondo a discutir o aspecto desumano de nós mesmos, que se constitui como resposta aos traumas precoces inevitáveis.

Entretanto, é preciso fazer a ressalva de que, ao olhar para o aspecto não humano que nos constitui, que tende ao fechamento, à repetição, Fairbairn encontra lá, exilados, inacessíveis a nós mesmos, nossos aspectos mais humanos. Para o autor, o funcionamento mental é feito das relações de amor, de ódio, de dependência que não podem mais ser vividas no mundo exterior e que passam a ser encenadas no mundo interior.

Apresentar o modelo de estrutura endopsíquica a partir de um sonho parece uma maneira muito apropriada de expressar essa contradição entre o humano e o não humano. As peças que compõem o mundo interno originam-se de certos processos postulados pelo autor (introjeção, cisão) e obedecem a certos padrões de funcionamento. Ao mesmo tempo, na medida em que eles são apresentados como personagens de um sonho, vislumbra-se quanto a discussão sobre os mecanismos não é capaz de esgotar seus significados. Os personagens do sonho estão necessariamente remetidos a uma história de vida singular. Eles nunca podem ser totalmente explicados por meio de mecanismos universais. Eles são imprevisíveis durante o sonho e também depois dele, quando, em um processo de análise, se tornam o mote para as associações.

Considerações finais

Trata-se de uma tarefa hercúlea essa de apresentar os quatro textos de Fairbairn que condensam em si mesmos praticamente tudo: uma nova concepção sobre as forças libidinais, uma teoria do desenvolvimento, um novo modelo de estrutura endopsíquica, uma nova definição para o mecanismo de repressão, uma nova concepção sobre a esquizoidia e sobre as bases esquizoides da personalidade... Entremeado a tudo isso, estão desfiados ali todos os argumentos que põem em xeque praticamente todos os modelos vigentes na psicanálise até então.

Se fôssemos nos propor a fazer uma leitura mais exaustiva dos textos e destacar todos os seus pontos polêmicos, perderíamos-nos em um labirinto muito particular e perderíamos a oportunidade de dar o destaque para os *insights* realmente importantes que estão presentes ali.

No presente capítulo, buscamos dar destaque às duas perspectivas concomitantes presentes nos textos de Fairbairn, que são igualmente importantes. A primeira é a perspectiva intrapsíquica, que olha para o mundo interno e detecta ali a existência de personagens, de relações trágicas de ódio e devoção. A segunda é a perspectiva intersubjetiva, que ganha destaque no modo como o autor concebe o processo de constituição do si mesmo. A perspectiva intersubjetiva tem primazia porque, em Fairbairn, o mundo interno se constitui como resposta aos traumas que se dão na relação com os outros. Entretanto, a partir do trabalho de nosso autor com os pacientes esquizoides, foi à dimensão intrapsíquica que ele deu um destaque maior, porque era nessa dimensão que esses pacientes se encontravam enclausurados.

3.

Discussões sobre o fazer do analista: os textos da década de 1950

Na década de 1940, Fairbairn estava ocupado demais com as discussões teóricas. As referências ao fazer do psicanalista são muito esparsas nos textos escritos nesse período. Por outro lado, todos os textos do autor escritos na década de 1950 acabam esbarrando, de alguma maneira, na discussão sobre o fazer do psicanalista, apesar de que apenas o texto "On nature and aims of psychoanalytical treatment", publicado em 1958, tenha sido escrito com a finalidade específica de abordar essa questão.

Os textos da década de 1950 parecem a resposta de um autor à sua crise pessoal. Na época, Fairbairn já era um psicanalista bem estabelecido institucionalmente, ainda que de modo um tanto marginal, reconhecido por seus pares e com mais de vinte anos de experiência na clínica psicanalítica. Mesmo assim, ele expõe abertamente suas dúvidas e dificuldades.

> Dentre outras questões ingênuas que eu me sinto compelido a fazer estão: "Como a psicanálise funciona?", e "O que o analista está realmente tentando fazer ao analisar um paciente?". Essas são perguntas para as quais eu sinto que nenhuma resposta plenamente satisfatória foi dada (Fairbairn, 1958, p. 82).

Analisemos, então, a situação com algum distanciamento. Na década de 1940, um psicanalista afirma-se como alguém que identificou as incongruências da metapsicologia freudiana e propôs um novo sistema teórico. Trata-se de um movimento arriscado, e o principal risco é encastelar-se nas próprias descobertas, lutar para conseguir se cercar de seguidores, aceitar como pacientes apenas aqueles que se dispuserem a ser também discípulos e passar o resto da vida seguro de si mesmo e de sua importância para a psicanálise e para o mundo.

Entretanto, o movimento que ele faz é justamente o oposto. Ele continua julgando pertinentes suas construções teóricas e propõe, aqui e ali, algumas pequenas mudanças de terminologia que não modificam em nada a base de suas proposições. Por outro lado, ele se interroga constantemente: para que mesmo serve tudo isso?

Para Fairbairn, os pacientes não vão à análise em busca de conhecimento ou explicações, eles vão lá para se salvar de si mesmos, de suas inibições, de suas culpas, de seu isolamento. Assim, o sistema teórico proposto por Fairbairn, por mais que seja bem construído e ancorado nas observações clínicas, não é suficiente para que ele possa ter algo a fazer diante dos pedidos de salvação por parte dos pacientes.

Pensando bem, seria mesmo muito equivocado se um analista que teoriza sobre o caráter necessariamente traumático do encontro com os outros pudesse se instalar em uma zona de pleno conforto. Como veremos a seguir, essa condição de ser desalojado e de psicanalista marginal leva-o a conseguir colocar em xeque a própria ideia de que é possível estabelecer princípios universais que definam o fazer do psicanalista. Isso, podemos dizer, faz que ele se situe em uma tradição inaugurada por Ferenczi, segundo a qual ser analista é estar sempre aberto a questionar os procedimentos instituídos de modo a tentar ir ao encontro das necessidades dos pacientes. Além disso, Fairbairn pode ser considerado um continuador de um movimento inaugurado por Ferenczi e por Klein de ampliar o alcance da análise para outros que não apenas os pacientes adultos e neuróticos. Tanto Fairbairn quanto Klein compreendem que, mesmo em crianças pequenas ou em pacientes muito comprometidos, a fonte dos conflitos se situa na relação primitiva com objetos internos e externos. Ambos entendem que há, desde sempre, uma relação com o objeto e que, portanto, há trabalho de análise a ser feito.

No presente capítulo, apresentaremos as posições de Fairbairn sobre a questão do tratamento psicanalítico. Para isso, comporemos um mosaico composto pelas discussões propostas no texto de 1958 e pelos principais aspectos destacados dos demais textos da década de 1950. No final, propomo-nos a tentar definir uma modalidade de escuta clínica inspirada por Fairbairn.

O sistema fechado

Em termos teóricos, talvez a única novidade proposta nos textos da década de 1950 seja a formulação do conceito de sistema fechado. A partir desse conceito, fica explicitado quanto cada um de nós busca, a todo custo, preservar intactos os mecanismos de cisão e de repressão que constituem nosso mundo interno. Nessa concepção, aquilo que vem de fora representa sempre uma ameaça de perturbar esse funcionamento. Para se defender das perturbações, o indivíduo tenta, a todo custo, englobar o objeto externo no sistema fechado e reduzi-lo à condição de objeto interno, ou simplesmente torna-se imune a tudo que vem de fora.

A concepção de sistema fechado surge diretamente das experiências clínicas de Fairbairn, mais especificamente da dificuldade que ele encontrava para promover mudanças no rígido modo de funcionar de seus pacientes. Ao mesmo tempo, essa concepção orienta seu modo de compreender o que se passa na clínica.

O fenômeno da transferência, por exemplo, seria parte do esforço do paciente de não ter de entrar em contato com o analista enquanto um objeto externo. Por meio da transferência, o analista passaria a ser vivido como um objeto interno excitante, rejeitador ou mesmo ideal. Enquanto objeto interno, ele não representaria qualquer ameaça ao funcionamento do sistema fechado.

Assim, propõe Fairbairn (1958), o desafio do analista é constituir-se como objeto externo. Os sintomas e as inibições são decorrentes do sistema fechado, e a análise visa propiciar as condições para que o paciente possa se abrir à relação com o analista e com a realidade exterior. O paciente, por sua vez, resiste firmemente a isso.

O autor afirma que, durante a análise, o paciente não resiste à emergência de conteúdos latentes, mas à pessoa do analista. Para ilustrar essa afirmação, ele menciona uma paciente que diz que o odeia, para em seguida dizer: "Eu sinto que a minha vida está interferindo na minha neurose, e não o contrário" (p. 91). Trata-se de uma paciente firmemente ancorada em seu modo de ser diante do qual a vida, os acontecimentos e as relações com os objetos exteriores seriam uma grave ameaça.

O analista é a alteridade que ameaça o sistema fechado e busca colocar o paciente na arriscada situação de ligar-se a um objeto externo ou mesmo de depender dele. Por outro lado, afirma Fairbairn, quando o analista se deixa capturar por esse sistema, assume o lugar de objeto mau e também se torna uma ameaça.

O esforço, por parte do paciente, de se manter fechado é o esforço de conquistar algum equilíbrio em um mundo vivido como caótico, mesmo que isso se dê à custa de se alienar de si mesmo. No sistema fechado, não há a necessidade de se arriscar a depender dos objetos externos, porque o investimento libidinal está todo direcionado aos objetos internos; não há o perigo de destruir os objetos dos quais depende, porque o ódio está sendo consumido para sustentar os ataques ao ego libidinal e para manter operantes os mecanismos de cisão e de repressão. Além disso, a cisão do objeto interno livra o indivíduo da condição dilacerante de amar e odiar o mesmo objeto.

Para compreendermos como se constitui o sistema fechado, é necessário considerar que, para a criança, toda a satisfação e toda a dor são infligidas pelos pais todo poderosos. São essas figuras míticas que cuidam de nós durante a infância. É delas que dependemos incondicionalmente e de quem precisamos nos proteger. São elas que passam a habitar nosso mundo interno quando, no intuito de controlá-las melhor, internalizamo-las. Assim, com a manutenção do sistema fechado, o indivíduo busca se proteger das relações insatisfatórias com os pais da infância. Com isso, algum equilíbrio é conquistado.

Há algo de evidentemente anacrônico nesse modo de funcionar. Ele serve para proteger alguém que se vê como totalmente dependente dos outros e que teme ser dilacerado pela rejeição do objeto. Ou seja, o ego e suas partes cindidas conservam uma percepção infantil sobre si mesmo e sobre os outros.

É claro que o funcionamento do mundo interno não se resume a isso. Em casos menos extremos, os mecanismos de cisão não são tão profundos, e as capacidades criativas não estão tão alienadas. Entretanto, esse quadro desolador serve para termos noção da dificuldade a ser enfrentada pelo analista. Ele precisa resistir bravamente para não ser totalmente engolido por esse funcionamento. Só assim ele pode tentar estabelecer uma relação diferente da que o paciente tivera com seus pais na infância.

Todos os que não são pacientes muito graves conservam uma parte de si mesmos capaz de estabelecer contatos genuínos com os outros. Essa é a parte de nós mesmos que é capaz de cuidar, de se deixar cuidar e de criar. Entretanto, ao lado dela, conservamos também uma parte ainda primitiva que geralmente se expressa em nossas relações mais próximas e, por isso mesmo, mais ameaçadoras. Essa parte se protege do contato com os outros por meio de uma recusa quase deliberada de amá-los como objetos externos e de se deixar amar. Fazemos um esforço reiterado de colocar esses outros no lugar de objetos internos.

Nessa forma de compreender as coisas, percebemos que o analista não trabalha mais com a oposição entre o que é consciente e o que é inconsciente. A oposição é entre o que é interno e o que é externo. O interno é aquilo que se consolidou em reação aos traumas impostos pelos objetos primários da infância e é largamente inconsciente. O externo é tanto aquilo que ameaça corromper um modo de funcionamento precário quanto aquilo capaz de propiciar a satisfação genuína do encontro.

Fairbairn (1958) refere-se ao fato de que a segunda tópica freudiana deslocou definitivamente o foco do analista. Não se trata mais de tentar descobrir o passado, mas de compreender como ele se faz presente no modo como o sujeito é e como se relaciona com os outros. Não se trata mais de desvendar o que é inconsciente, mas de tentar descrever a relação entre o que é interno (e largamente inconsciente) e o que é externo. Isso pode soar óbvio, mas não custa tentar mais uma vez falar sobre o que significa.

Fairbairn (1956b) faz duras críticas ao modo como os analistas vêm se relacionando com as obras de arte. Desde Freud, muitas obras de arte têm sido reduzidas à condição de meros pretextos para que psicanalistas obstinados possam desvendar aspectos do passado ou do inconsciente dos artistas, sempre tendo como base a questão da situação edípica. Entretanto, afirma Fairbairn, essas explicações não dizem nada sobre a obra que pretendem explicar, não falam sobre os impactos que ela produz no espectador, não se detêm em seus detalhes, em seu modo de ser e de se apresentar. A interpretação de uma obra não é a busca de explicações que estão alhures. A interpretação de uma obra só pode ser formulada a partir de um mergulho nela.

Isso vale também para pensar sobre a compreensão dos casos em psicanálise. Não se trata de formular uma síntese que explica, por meio de acontecimentos do passado ou do inconsciente, o modo de ser do paciente. Trata-se de tentar construir uma narrativa sobre quem é o paciente e sobre o modo como ele se relaciona consigo e com os outros.

Entre todas as questões trazidas pelo paciente na análise, aquela que é mais concreta diz respeito à relação com o analista, porque se trata de algo vivido no processo analítico, e não apenas referido. Sobre a relação transferencial, afirma Fairbairn (1952):

> O significado real da transferência deve ser encontrado no fato de que ela representa, não o reviver novamente as situações e memórias do passado, mas a manifestação da situação inconsciente e das relações que, embora tenham as suas raízes nas experiências do passado, pertencem ao mundo da realidade interna do paciente (p. 109).

Fairbairn compreende que o fenômeno de alienar-se de si mesmo é universal. Todos lançamos mão do recurso de tentarmos nos descolar de certas partes nossas que são, ao mesmo tempo, infantis e dependentes, mas também intensas e pulsantes. A relação com um outro externo é sempre uma ameaça de ter de entrar em contato com as partes de nós mesmos que estão cindidas e silenciadas.

Assim, para ele, a descrição a ser feita sobre um caso é sempre a construção de uma narrativa que visa salientar o que está paralisado por causa desses mecanismos todos que cada um de nós utiliza. Compreender um caso é construir um enredo salientando aquilo que ainda não pode acontecer, que se mantém estático, congelado. Nesse enredo estático, os personagens e os cenários mudam, mas permanecem os mesmos.

Entretanto, por maiores que sejam as contribuições de Fairbairn para o modo como compreendemos os casos em psicanálise, ele próprio é o primeiro a reconhecer que os pacientes não vêm à análise em busca de conhecimentos. Eles vêm para afrouxar seu cativeiro interno, e não para compreender como ele funciona. Além disso, por mais que sejamos capazes de descrever o modo como o paciente é, nem por isso saberemos o que fazer para conseguirmos estabelecer uma relação real com ele.

Do que vimos discutindo até aqui, fica evidente que a análise não é apenas um espaço para lembrar ou para compreender. É preciso, sobretudo, reviver algo em uma situação nova. A cura ou, como prefere Fairbairn, a salvação pode se dar em um processo lento de transformação da relação que o paciente estabelece com o analista. De uma fase em que as relações iniciais precoces são repetidas sob a influência da transferência, vai se construindo um novo tipo de relação que é ao mesmo tempo satisfatória e adaptada às circunstâncias da realidade exterior.

O paciente vem à análise para abrandar o cativeiro interno de modo a conseguir restabelecer a possibilidade de alguma satisfação genuína. Por outro lado, resiste cegamente a esse abrandamento.

Diante de um quadro como esse, não é à toa que Fairbairn (1952) sempre faça muitas ressalvas quando vai se referir aos resultados terapêuticos que podem ser alcançados por meio da análise. Sobre isso, afirma o autor:

> Uma vez que os anos formativos da infância se passaram e a realidade interna assumiu um padrão estável, as condições externas têm muito pouca influência para produzir qualquer mudança fundamental nas situações internas, exceto se for para confirmá-las ou para intensificá-las. Entretanto, apesar da relativa imutabilidade das situações internas já consolidadas, é atribuído à psicanálise um procedimento técnico no qual não apenas os métodos empregados pelo ego para lidar com a realidade interna podem ser melhorados, mas também as próprias situações internas podem ser favoravelmente influenciadas em casos específicos e particularmente naqueles caracterizados pela presença de sintomas psiconeuróticos (p. 107).

É curioso nesse trecho que, ao se referir à imutabilidade dos padrões internos, nosso autor o faz em nome próprio. Já quando se refere ao procedimento técnico de que dispõe a psicanálise, ele utiliza um sujeito em terceira pessoa, indeterminado. Isso denota a posição um tanto quanto cética do autor, mas também serve para evidenciar sua desconfiança em relação à existência de um procedimento técnico que pode ser atribuído à psicanálise. Essa desconfiança é uma marca importante de suas posições.

Para Fairbairn, a análise não pode se pautar pelos princípios da abstinência e da neutralidade. Há uma implicação necessária do analista. O autor suspeita que os analistas desobedeçam secretamente a essas recomendações.

Por outro lado, o fato de Fairbairn questionar esses princípios coloca-o às voltas com alguns dilemas que serão sempre atuais. Como autorizar os analistas a serem eles mesmos sem que isso os autorize a arbitrariedades e abusos? Como abolir os princípios técnicos universais sem que isso faça que os analistas se sintam desamparados?

Para Fairbairn (1958), as restrições psicanalíticas servem para sustentar a ilusão defensiva de que estão todos submetidos a um princípio técnico superior e homogêneo, como se isso fosse possível ou mesmo desejável.

> De forma geral, eu não posso deixar de sentir que qualquer tendência a aderir com uma rigidez pronunciada às técnicas psicanalíticas clássicas, tal como foram padronizadas por Freud há mais de meio século, está sujeita a uma exploração defensiva, por mais inconsciente que possa ser, de interesse do analista e à custa do paciente; e, certamente, qualquer tendência a tratar a técnica clássica como um santuário desperta a suspeita de que um elemento dessa exploração defensiva está em jogo (p. 81).

O autor afirma que é a relação com o analista que produz os efeitos terapêuticos, e não a observância dos preceitos da técnica clássica ou a submissão a um princípio universal.

A posição de Fairbairn rompe com uma noção homogênea e defensiva sobre o que é ser psicanalista. O principal instrumento de cura não é um princípio universal e abstrato. É no delicado e incerto terreno das relações humanas que estamos pisando. Entretanto, mesmo que tenha a clareza de afirmar o que não é a psicanálise, percebemos uma falta de repertório do autor para afirmar o que é. De que modo se estabelece essa relação com o paciente? Como ela pode ser o principal instrumento de cura? Mais do que isso, como o analista pode se constituir como uma alteridade para o paciente, de modo que isso o liberte do sistema fechado em vez de reeditar o trauma imposto pela alteridade dos pais da infância[1]?

Ao tentar formular algo a respeito dessas questões, ele acaba se aproximando da religião. Para ele, as pessoas não vêm à análise em busca de educação científica nem de ajustamento. Os pacientes buscam encontrar na análise uma experiência de salvação semelhante à que encontrariam na religião. Apesar de o analista não poder ocupar o lugar

1 Guntrip (1975), ao se referir às suas experiências de análise com Fairbairn e Winnicott, ressalta a postura ortodoxa adotada pelo primeiro. O relato de Guntrip permite-nos levantar a hipótese de que Fairbairn questionava os princípios da técnica analítica, mas tinha dificuldade de recriar um jeito próprio de ser analista. Mesmo sabendo da insuficiência desses princípios, Fairbairn precisava deles como ponto de ancoragem.

de salvador – nem de representante do salvador –, é por meio da relação com ele que essa necessidade de salvação pode ser encontrada/reconhecida. O analista, ao contrário do religioso, não busca ativamente ser um bom objeto para o paciente, mas, afirma Fairbairn, é muito importante que consiga alcançar esse resultado.

Há dois aspectos a serem ressaltados nessa aproximação da análise com a religião. O primeiro é que ela só reforça a percepção de que não é possível classificar facilmente as posições de Fairbairn. Ora ele assume o lugar de cientista imbuído da tarefa de inaugurar um novo sistema teórico no âmbito da psicanálise, ora ele faz afirmações desconcertantes.

O segundo é que essa aproximação com a religião só reforça a sensação de que ele tem muita dificuldade de definir em termos vivos aquilo que se passa na clínica. Faltam a ele subsídios para conseguir falar disso de forma encarnada. Trata-se de uma experiência que escapa para um plano celestial em que não há processo, não há tempo. Voltaremos a essa discussão mais adiante.

No momento, o que queremos destacar é que, mesmo com essas dificuldades, ou por causa delas, Fairbairn era dotado da inquietude característica de todos os psicanalistas que trouxeram contribuições importantes para a psicanálise. Assim como Ferenczi, Winnicott, Klein e outros, ele não tomava as regras do *setting* analítico como dadas. Para ele, o *setting* deve servir às necessidades do paciente, mais do que ser conveniente para o analista, ainda que as necessidades do analista também sejam importantes, afinal, trata-se de uma relação.

O autor propõe que façamos uma inversão do raciocínio usualmente empregado. Não é possível afirmar que determinado paciente não se adaptou às regras do *setting* analítico. Na verdade, foi o *setting* que não pôde se adequar às necessidades dele.

Para o autor, colocar o paciente em um divã de costas para o analista recoloca-o no lugar do bebê, que não consegue se locomover e que se vê diante de pais que podem ir e vir. Assim, o divã nessa posição reedita uma situação de desamparo.

> Parece-me inquestionável que a técnica do divã tem o efeito de impor ao paciente de forma arbitrária uma situação traumática que inevitavelmente reproduz as situações traumáticas da infância como aquelas impostas à criança que é deixada chorando no carrinho sozinha ou aquelas impostas à criança que se vê isolada no seu berço durante a cena primária (Fairbairn, 1958, p. 82).

Essa discussão sobre o divã é utilizada por ele para questionar o mito da neutralidade do *setting*. Nenhuma regra é neutra. Para não fazer do *setting* a reedição de uma experiência potencialmente traumática, Fairbairn opta por colocar o divã ao lado da poltrona do analista.

Outra adaptação proposta por Fairbairn relacionava-se à duração das sessões. Por que o analista deveria estabelecer uma duração padronizada para as sessões sem considerar as necessidades específicas de cada paciente?

Fairbairn também coloca várias ressalvas quando o assunto é interpretar a transferência. Para o autor, a interpretação que salienta o fato de o analista estar sendo colocado no lugar de objeto mau pelo paciente pode ser muito angustiante, porque é como se o analista estivesse constatando o fato de que a cena está sendo inundada pelos objetos maus. Além disso, Fairbairn, em diálogo direto com os kleinianos, afirma que a interpretação dos impulsos hostis dirigidos ao analista contribui para que o paciente se sinta ainda mais o portador de toda a maldade e intensifica os mecanismos de culpa. Em tom coloquial, poderíamos afirmar que em certos momentos torna-se necessário discutir a relação, mas não sempre.

Por último, Fairbairn também questiona a regra de que o paciente deve ser convidado a associar livremente enquanto se mantém deitado e imóvel. Isso também favorece a reedição das situações traumáticas da infância nas quais o bebê não consegue se locomover e reforça as tendências passivas e masoquistas. Para Fairbairn, seria necessário levar as inovações conquistadas por meio da análise com crianças para a análise com adultos. O *setting* da análise com crianças solicita o analista para uma participação mais ativa, e ao paciente, confere maior liberdade de movimentos. Fairbairn pergunta-se: será que todo tratamento com adultos não deveria aspirar a utilizar-se dos recursos da análise com crianças?

Algumas críticas à concepção de Fairbairn sobre o fazer analítico

Os textos da década de 1950 apresentam várias vinhetas de casos, além de sonhos e imagens relatados pelos pacientes. No texto "On nature and aims of psychoanalytical treatment", um aspecto que chama a atenção é quanto os pacientes, ao se referirem a si mesmos, usam uma linguagem ao mesmo tempo muito crua e muito próxima da linguagem do próprio Fairbairn (1958).

Poderíamos tomar esse fato como indício de que esses pacientes estabelecem com ele uma relação de admiração ou que se colocam no lugar de discípulos. Ou, ainda, poderíamos especular que Fairbairn, ao escrever sobre os casos, faz uma tradução da linguagem dos pacientes para os próprios termos.

De qualquer modo, o que nos interessa agora destacar é que o material que surge na análise não pode ser lido exclusivamente como a revelação do mundo interno do paciente. O material surge como produto da relação entre paciente e analista. Apesar de Fairbairn tomar essa relação como o meio a partir do qual alguma transformação pode operar em um processo analítico, ele, ao escrever sobre os casos, acaba centrando foco apenas na dimensão intrapsíquica.

No mesmo texto, Fairbairn também relata dois sonhos de um paciente denominando Karl. Em ambos, o paciente está tentando conversar com o analista enquanto os pais dele tentam impedi-lo, mas ele resiste e mantém a conversa. Fairbairn toma o sonho como indício de que o paciente está resistindo aos clamores dos objetos internos para que se mantenha enclausurado. No sonho, os pais estão no lugar de objetos internos e buscam impedi-lo de entrar em contato com um objeto exterior, o qual seria uma ameaça ao funcionamento do sistema fechado. O analista, por sua vez, é o objeto externo e representa a possibilidade de um contato genuíno com o mundo real.

O que queremos destacar é que os sonhos são lidos como retratos do mundo interno dos pacientes, do qual o analista pode fazer uma apreciação neutra e objetiva. Entretanto, falta considerar que esses sonhos, nos quais o analista assume esse lugar tão belo e virtuoso, estão sendo relatados para o próprio analista. Para dizer o mínimo, o paciente pode estar sendo apenas uma criança bem-educada ao relatar sonhos tão edificantes.

Em outro texto (Fairbairn, 1954), os sonhos relatados são descrições cruas de situações em que os pacientes estão totalmente assediados pelos objetos internos rejeitadores e excitantes. São sonhos carregados de excitação e ansiedade. Diante deles, o analista só pode constatar a contundência desses objetos e nada mais. São, nesse sentido, tão angustiantes e fechados em si mesmos que não podem ser sonhados pelo analista. Diante de materiais tão brutos, o analista não é capaz de tomar os elementos que aparecem neles como símbolos de algo.

É possível que Fairbairn estivesse às voltas com sonhos que, de tão angustiantes, fossem impossíveis de ser sonhados. De qualquer modo, é preciso considerar que há um analista incapaz de sonhar junto com o paciente que sonha. Trata-se de um fenômeno intersubjetivo, portanto. Contudo, mais uma vez, Fairbairn usa esses sonhos como se fossem retratos do mundo interno e não se inclui na cena[2].

Fairbairn afirma que o relacionamento genuíno entre analista e paciente não é transferencial. Nesse caso, o analista pode ser percebido como pessoa real. Entretanto, precisamos considerar que a origem do trauma é o fato de os pais terem se imposto como alteridade para o bebê em um momento muito precoce. E o que ele propõe como cura para isso é se oferecer como alteridade para o paciente. Então, ainda nos

2 Scharff & Birtles (1994) já tinham salientado o fato de que, quando relata sonhos de pacientes, Fairbairn não faz considerações sobre a dimensão transferencial. Balint (1957), por sua vez, nos comentários que escreveu sobre um artigo de Fairbairn, critica justamente o fato de que o autor trata de questões da *two person psychology* como se fossem da *one person psychology*. Fairbairn toma a transferência como uma tentativa, por parte do paciente, de reduzir o analista à condição de objeto interno. Entretanto, contrapõe Balint, o modo como se desenvolve a transferência é, em alguma medida, determinado pela própria situação analítica e pela contratransferência do analista. E vice-versa.

resta a pergunta: qual é, para Fairbairn, a diferença entre uma relação real que traumatiza e aquela que cura?

Nosso autor toma a resistência do paciente como uma tentativa de manter intacto o funcionamento do sistema fechado. Entretanto, quando olhamos para o fenômeno da resistência como algo que se dá em uma relação intersubjetiva, teremos sempre de nos haver com a questão: será que o paciente está tentando preservar seu sistema fechado ou será que ele está tentando preservar a integridade de seu self? Está implícito nessa questão que não é possível compreender qualquer gesto do paciente se não o considerarmos um gesto que se dá na relação com o analista.

A resistência pode ser um sinal de que o analista não está sendo capaz de respeitar o ritmo do paciente. Para embaralharmos ainda mais a noção de autoria dos gestos no processo analítico, poderíamos afirmar que a postura intrusiva de um analista pode ser uma resposta contratransferencial a um determinado paciente. E assim poderíamos seguir indefinidamente, até chegarmos a lugar nenhum. A discussão sobre quem é o autor do que em uma análise é uma discussão impossível.

Scharff & Birtles (1994) chamam a atenção para o fato de que Fairbairn não é capaz de olhar para o processo de desenvolvimento do bebê com os olhos da mãe. Para os autores, é importante perceber que a mãe também vive experiências intensas de rejeição e de aceitação na relação com o bebê. Ela não é apenas o ser ultrapotente que detém todos os poderes diante da criança indefesa.

Poderíamos estender esse raciocínio para o analista. Fairbairn refere-se reiteradamente às limitações da psicanálise e ao seu alcance restrito. Entretanto, ele o faz sempre de modo genérico. Por mais que ele diga que o principal instrumento de cura é a relação com o analista real, as dificuldades são atribuídas a essa instância genérica denominada psicanálise. Faltam elementos para compreendermos como essas dificuldades se expressam no dia a dia do trabalho analítico.

A nosso ver, falta a Fairbairn a dimensão do paradoxo, segundo o qual o analista precisa se sustentar no espaço entre o externo e o interno. Ser só alteridade é traumático, e ser só objeto interno é, na melhor das hipóteses, inócuo. Nos textos de Fairbairn, fica a impressão de que a análise só começa quando a transferência diminui e uma relação real com o analista pode se estabelecer. Mas o que faz o analista enquanto isso não acontece? Apenas resiste a se deixar colocar nesse lugar? Será que, para que uma relação se estabeleça, não é necessário também que o analista se deixe capturar pelo lugar transferencial?

Exercitando uma escuta inspirada em Fairbairn

A partir de agora, tentaremos, em companhia de Fairbairn (1958), definir uma modalidade de cuidado que integre corpo e mente. Iremos até aonde conseguirmos, o que talvez não seja muito longe, mas trata-se de uma primeira tentativa. Vejamos o que o autor tem a nos dizer:

> O tratamento psicanalítico é uma *luta* em que o paciente tenta colocar a sua relação com o analista no sistema fechado por meio da transferência e a determinação, por parte do analista, de *abrir uma brecha* nesse sistema fechado e a criar as condições sob as quais, na situação da relação terapêutica, *o paciente possa ser induzido a aceitar* o sistema aberto da realidade externa (p. 92).

No texto de 1958, Fairbairn reitera várias vezes a afirmação de que o analista precisa cultivar uma boa relação com o paciente, porque a própria relação é o principal instrumento terapêutico de que ele dispõe. Entretanto, contrariando as expectativas do leitor, o autor encerra o texto com uma afirmação em itálico, na qual dá mostras da sua disposição bélica. A análise é uma *luta* em que o analista quer *abrir uma brecha* e *induzir o paciente a aceitar* o sistema aberto.

Referir-se à análise como um lugar em que se luta é um modo muito mais encarnado de encará-la do que tomá-la como um lugar ao qual se vai para compreender o funcionamento do mundo interno ou um lugar em que se busca a salvação.

Na disposição bélica do analista, podemos identificar sua implicação com a cura. Há um esforço de se manter vivo e acordado, de não se acomodar na posição neutra do cientista, de não se deixar aniquilar pelas barreiras aparentemente intransponíveis para que possa se dar o contato.

Para Fairbairn, relacionar-se com a realidade externa é uma conquista custosa. A empatia e a identificação com o outro nunca são imediatas. O que é imediato é o engolfamento do outro na condição de objeto interno. Assim, é importante reconhecer a dimensão de trabalho árduo da análise.

A partir do que discutimos até aqui, podemos afirmar que os oponentes na luta que se trava na análise não são o paciente e o analista. Na verdade, essa luta opõe, de um lado, a disposição do analista e do paciente para cultivarem uma relação real e significativa e, de outro, as resistências de ambos a essa disposição.

Em vários momentos de uma análise, temos a sensação de que as resistências estão vencendo. Nesses casos, o analista se vê paralisado em um lugar transferencial muito estanque, sem respiro e sem nenhuma possibilidade de experimentação. Ou o paciente se vê cronicamente incompreendido por um analista que não consegue entrar em contato com as necessidades dele. Ou ambas as coisas.

Outra situação ainda mais grave é aquela em que prevalece a sensação de que não há relação alguma. Nesses casos, a dupla se vê tomada pelo tédio, pela indiferença, pelo cinismo. Em situações como essa, impõe-se a dúvida: será que se trata de uma guerra em que as resistências estão vencendo de modo avassalador ou será que estamos caminhando em um deserto sem fim e sem contorno?

Por outro lado, há momentos nas análises em que prevalece a sensação de que a relação entre analista e paciente ludibriou as resistências, pregou-lhes uma boa peça. Não concordamos com a afirmação de Fairbairn de que, nesses momentos, a transferência deu lugar à possibilidade de se relacionar com o analista como pessoa real. Na verdade, seria mais correto dizer que, nesses momentos, o paciente está podendo criar o analista sem ficar totalmente aderido a essas criações.

Se trouxéssemos Winnicott (1962) para o diálogo, afirmaríamos que a capacidade de estabelecer transferência sem ficar aderido a ela é a capacidade de brincar. Nesse caso, a transferência muda de cara, não se impõe como absoluta, ela joga com os papéis. O paciente experimenta várias relações em uma só, o analista também.

Para Fairbairn, a relação com o analista pode se constituir quando ele deixa de ser engolfado pelo sistema fechado e passa a ocupar o lugar de objeto externo. Nós estamos propondo uma reformulação dessa concepção. A verdadeira oposição, a nosso ver, não é entre interno e externo, mas entre se ver paralisado na condição de objeto estático e poder se constituir como um objeto que transita. O analista real, que promove a cura, não é somente o objeto externo. Temos de considerar que o objeto externo pode ser apenas traumático. A alteridade excessiva, quando se impõe, obriga o paciente a reagir.

Desse modo, o analista real precisa se prestar a ser usado e reinventado pelo paciente. Para isso, ele não pode se fixar em nenhuma posição. Ele se oferece para ser a encarnação do objeto mau, para ser um observador que se espanta, para propiciar certas experimentações; ele se oferece para uma relação compulsivamente repetitiva e a tolera. Nos termos de Winnicott, o analista almeja se constituir como um objeto transicional.

Outro ponto que gostaríamos de salientar é que, às vezes, dá a impressão de que Fairbairn concebe a análise a partir de uma perspectiva linear: primeiro, o analista se deixa engolfar pelo sistema fechado do paciente, para depois poder se constituir como uma pessoa real. Entretanto, como propõe Kernberg (2002), mais interessante seria conceber a simultaneidade desses processos. O analista está enredado na relação transferencial-contratransferencial *ao mesmo tempo que* se coloca como um terceiro, como um objeto real disponível para estabelecer uma relação com o paciente. Acrescentaríamos que há um quarto elemento em cena: o paciente real, aguardando o analista vencer as suas resistências e se colocar à disposição para uma relação real.

Uma vinheta de caso

Para concluir o presente capítulo, lançaremos mão de uma vinheta de caso apresentada por Fairbairn em um texto de 1940, muito antes de propor todas essas discussões sobre o trabalho do psicanalista. Mesmo assim, a vinheta nos ajuda a ilustrar quanto as transformações que ocorrem ao longo do processo analítico se dão, necessariamente, no enfrentamento das dificuldades inerentes à relação entre o paciente e seu analista.

Nosso autor nos conta que, em plena Segunda Guerra Mundial, uma de suas pacientes leu nos jornais que uma bomba alemã caíra nas redondezas da casa dele durante a noite. Ao se assegurar de que seu analista sobrevivera, ela experimentou um intenso sentimento de gratidão. Entretanto, ela teve dificuldades de comunicar tudo isso.

> A reserva quanto às emoções por parte dela eram tais que ela não teve coragem de expressar os sentimentos em relação a mim que ela gostaria de poder expressar. O que ela fez na sessão seguinte, na tentativa de contornar a dificuldade, foi me entregar uma folha de papel no qual escreveu, com um esforço considerável, informações sobre ela própria. Então ela me deu algo, mas o que ela me deu foi a visão de si mesma refletida em um papel. Na verdade, o que foi marcante nessa situação foi um certo avanço na direção de uma atitude de dar; já que, de maneira indireta, ela me deu conteúdos mentais, aos quais atribuía um grande valor narcísico e tinha muita dificuldade de compartilhar (Fairbairn, 1940, p. 17).

A paciente sente gratidão pelo analista por ele existir e continuar existindo. O jornal que noticia a queda da bomba assume um lugar intermediário. Ao mesmo tempo que anuncia para a paciente a existência do analista enquanto um objeto vivo, externo, mortal, protege-a da proximidade excessiva. A bomba abriu uma fenda na muralha que a separava das coisas, e ela pôde se deparar com a existência de alguém. Entretanto, parece que só é possível viver isso a distância, com a mediação do jornal. Podemos supor que é difícil para ela sustentar o sentimento de gratidão quando está diante do analista, e mais difícil ainda é comunicar isso a ele.

A partir dessa experiência, a paciente também cria, em uma folha de papel, um jornal que dá notícias de si para seu analista. Novamente, algo fundamental é comunicado com a mediação da escrita e do papel. Aqui, percebemos que a explosão criou a fenda, mas deixou preservada a proteção necessária para o contato significativo.

No papel que entregou ao analista, ao contrário do que se poderia esperar, a paciente expressou seu sentimento de gratidão por meio de um relato sobre si. Junto com a dificuldade de estabelecer o contato com o analista, há uma enorme identificação com ele. Nesse contexto, expressar gratidão ao outro e falar sobre si tornam-se uma só coisa. Isso porque sua capacidade de sustentar a existência do analista enquanto um objeto externo é muito precária, e ela ainda não é capaz de registrar a existência dele no papel. Há um componente trágico nessa cena em que a paciente vai escrever uma carta para o analista manifestando sua gratidão e acaba escrevendo uma carta-espelho.

Conseguir dar algo e conseguir se dar ao outro supõem a confiança na existência de uma barreira que protege o self do total esvaziamento. Pacientes como essa, afirma Fairbairn (1940), temem se relacionar com o outro, porque isso é vivido por eles como uma ameaça de perder todos os valiosos conteúdos internos. Então, paradoxalmente, a cisão tão pronunciada entre o externo e o interno é a expressão de uma delimitação muito precária entre eu e outro.

Não é nada fácil sustentar uma ligação emocional com alguém. Fairbairn fala que a criança precisa ser sustentada pela presença de uma mãe que a ama e que aceita ser amada para conseguir sustentar essa ligação. Quando essas condições não estão asseguradas, afirma o autor, a criança vai se refugiar em seu mundo interno. Ao mesmo tempo, estabelece-se um processo de despersonalização do objeto.

Se a situação manifesta a dificuldade da paciente de sustentar a ligação com o analista enquanto objeto externo, o próprio Fairbairn chama a atenção para o fato de que houve aí um certo avanço dela na direção da atitude de dar. Nessa situação, paciente e analista puderam, talvez pela primeira vez, estabelecer uma conversa, mediada pelo jornal.

Ao olhar para a situação em que analista e paciente passam a se comunicar por meio de notícias no jornal, Fairbairn salienta quanto isso ilustra a dificuldade do paciente esquizoide de se relacionar, de expressar emoções, de se dar ao contato. Ao mesmo tempo, o autor reconhece quão significativa essa experiência foi para a paciente, e que há aí um certo avanço na direção de uma atitude de dar.

Todas essas compreensões sobre o que estava se passando na relação da paciente com seu analista só foram possíveis porque pudemos contar com o delicado processo de reconstrução feito por Fairbairn diante das expressões fragmentadas de sua paciente. Se déssemos um salto para trás e olhássemos a situação da perspectiva de um observador externo, veríamos ali simplesmente uma manifestação louca ou pueril de alguém que, com muita dificuldade, entrega ao seu analista uma folha de papel que contém anotações sobre si mesma.

Na vinheta em questão, nem ficamos sabendo o que estava escrito no papel que a paciente entregou ao seu analista. Mais do que discutir o conteúdo daquilo que foi dado, o que interessa a ele é discutir as dificuldades inerentes ao próprio processo de dar.

É que, ao contrário do que se poderia pensar, o trabalho mais importante dessa análise não se dá nos momentos em que analista e paciente estão tendo os *insights* mais formidáveis sobre os processos internos. No caso dessa paciente, a análise podia acontecer quando, em meio às bombas, um rudimento de brincadeira podia se instaurar e, assim, paciente e analista podiam ser recriados como personagens de notícia de jornal.

4.

Sobre o legado das experiências boas e das experiências excitantes

Em seus textos mais importantes, escritos na década de 1940, Fairbairn se dedicou à construção de um modelo no qual a estrutura psíquica é constituída e formatada pelas experiências traumáticas que a criança vive na relação com seus objetos primordiais. Desse modo, é possível dizer que ele priorizou a discussão sobre as repercussões dessas experiências em termos de uma teoria do funcionamento mental.

Uma das críticas que Klein (1946) dirigiu a Fairbairn diz respeito ao fato de que o autor não teria sido capaz de discutir o modo como as boas experiências com os objetos primordiais seriam armazenadas no psiquismo.

A estrutura endopsíquica tal como postulada por Fairbairn (1944) é necessariamente patológica. Tal estrutura é composta pelas partes más do objeto introjetadas, de um lado, e, de outro, pelas partes traumatizadas do ego, que se descolam do ego central. A estrutura endopsíquica sempre se caracteriza pelo imobilismo, pelo congelamento atemporal.

Os objetos maus introjetados permanecem para sempre idênticos em sua maldade, e as partes traumatizadas do ego permanecem para sempre infantilizadas e devotadas ao trauma. Para o nosso autor, a introjeção é um mecanismo defensivo. O que se consolida como estrutura de personalidade são as repercussões das experiências más.

Por outro lado, é preciso considerar que as boas experiências, o sentimento de gratidão e as experiências de cuidado constituem o self também, mas isso não pode ser compreendido em termos de estrutura de personalidade. Mantém-se como registro corporal de experiências que são intersubjetivas, e qualquer tentativa de falar delas em termos estritamente intrapsíquicos incorre em simplificação excessiva.

Para Fairbairn, a incorporação é um mecanismo para tentar dar conta daquilo que é mau, frustrante, rejeitador ou hiperexcitante. Ora, o que caracteriza o bom objeto é justamente sua disponibilidade para estabelecer boas ligações. Sendo assim, não há por que introjetá-lo. Isso não quer dizer que as boas experiências não existam nem que elas não sejam constitutivas. Isso quer dizer apenas que não podemos nos referir a elas a partir desse vocabulário teatral dos objetos internos[1].

[1] Nos termos de Celes, Alves & Santos (2008), "as relações objetais responsivas na tenra infância, uma vez que cumpram a satisfação das necessidades do ego dependente, terão esgotado o seu valor, por assim dizer, na compreensão de Fairbairn. É assim que, inicialmente, para o autor, o objeto bom tem pouca relevância para a estruturação do ego" (p. 57).

Assim, é possível afirmar que a crítica de Klein faz sentido. De fato, não encontramos nas teorizações de Fairbairn elementos suficientes para a discussão sobre como se dá o registro das boas experiências no psiquismo.

No presente capítulo, nossa proposta é tentar habitar essa lacuna deixada pelo sistema teórico de nosso autor e lançar mão da contribuição de outros autores para discorrer sobre a questão do registro das boas experiências.

Se as boas experiências vividas na relação com os objetos primordiais ficam sem lugar no sistema teórico proposto por Fairbairn, é possível afirmar que, ao cunhar a noção de objeto excitante, ele deu uma importante contribuição à discussão sobre o modo como se dá o registro das boas experiências *que não puderam ser vividas*. Desse modo, na segunda parte deste capítulo, discorreremos sobre a concepção de objeto excitante, ao mesmo tempo tão importante dentro do sistema teórico de Fairbairn e muito fértil para pensar sobre determinados fenômenos da clínica psicanalítica.

O registro das boas experiências

Em uma nota de rodapé de um de seus textos tardios, Fairbairn (1954) responde às críticas que Klein (1946) dirigira a ele:

> Parece-me que os verdadeiros problemas que a minha visão sobre a introjeção apresenta para Melanie Klein e seus colaboradores são relativos (1) ao modo como as experiências das relações boas e satisfatórias se perpetuam no psiquismo, e (2) ao modo como a personalidade é moldada por essas experiências. Esses problemas vitais são complexos demais para serem abordados em uma nota de rodapé, que talvez já esteja longa demais; mas eu posso ao menos informar que, em termos da minha teoria do desenvolvimento da personalidade, a chave para esse problema pode ser encontrada na relação entre o "ego central" e o "objeto ideal" (p. 16).

Tentemos desenvolver essa condensada resposta do autor às críticas formuladas por Klein. Para Fairbairn, a relação insatisfatória com os objetos primordiais faz que o indivíduo lance mão do mecanismo de introjeção. Após introjetar esse objeto, o indivíduo o submeteria à cisão. De um lado, ficariam armazenados os aspectos satisfatórios dos objetos primordiais, os quais comporiam o objeto ideal e, de outro, suas partes falhas ou faltantes. Assim, após essa primeira cisão, surgiria um objeto purificado de seus aspectos falhos ou faltantes: o objeto ideal.

Ao constituir os objetos maus, o sujeito identificar-se-ia profundamente com eles. "Não foi o objeto que falhou", pensa o sujeito, "foram meus conteúdos internos tóxicos que danificaram sua capacidade de me amar". O objeto ideal, portanto, seria uma versão purificada da mãe, constituída pelas experiências reais de satisfação e de amor que o sujeito viveu com ela.

Os objetos maus são cindidos e reprimidos. Com eles, são cindidas e reprimidas as partes do ego que permanecem devotadas a esses objetos maus. Com isso, todos permanecem inacessíveis e não disponíveis para serem transformados a partir da relação com os objetos do mundo exterior. As partes do ego que não foram cindidas nem reprimidas, por sua vez, passam a compor o ego central. O ego central e o objeto ideal permanecem acessíveis para o contato com o mundo exterior e estão sujeitos a serem transformados pelas novas experiências.

Depois dessa tentativa de explicar melhor o que Fairbairn quis dizer, só podemos chegar à conclusão de que sua resposta às críticas de Klein foi insuficiente. Sim, as boas experiências constituem a relação entre o ego central e o objeto ideal, mas e daí? De que modo a personalidade como um todo é moldada por esse tipo de experiência? A nosso ver, não conseguiremos obter a resposta a essa questão na obra de Fairbairn. Precisaremos recorrer a outros autores para adentrar essa discussão.

Winnicott (1962), ao falar sobre os processos de integração e personalização, desloca a discussão para a esfera do corpo. O registro mais significativo das boas experiências não se dá na mente, mas no corpo, na constituição dos sentimentos de inteireza e de eu-dade, na delimitação de uma pele que contém o interior, mas que também é uma superfície de contato com o mundo exterior.

A própria Klein (1948), apesar de falar em termos de introjeção de bons objetos, parece estar se referindo ao modo como se constituem os sentimentos de inteireza e de crença na existência da bondade. Para nós, o bom objeto kleiniano não é propriamente um objeto, não se trata de uma entidade bem delimitada, que habita o psiquismo. Ao falar da existência do bom objeto, a autora está tentando nomear algo muito mais difuso, um conjunto de sensações internas difíceis de serem representadas, que vão e vêm conforme as circunstâncias internas e externas.

Em outros termos, o que Klein chama de ter um bom objeto preservado é a própria capacidade de se sentir dotado de um interior no qual predominam os bons conteúdos e de estabelecer relação com o mundo externo. Há fragilidades implicadas nessa condição, e a principal é que quem é pode deixar de ser, pode se desfazer. As ansiedades depressivas referem-se ao temor de fragmentação de um sujeito que já se concebe como inteiro.

Desse modo, para Klein, o sentimento de culpa, que seria o temor de vir a perder o bom objeto introjetado, também não é exatamente o temor de destruir ou ter de abrir mão de uma entidade psíquica bem delimitada. A culpa (*guilty*), para Klein, assume um significado muito mais amplo do que assume no senso comum. A culpa depressiva diz respeito ao temor de ver aniquilado algo que a muito custo foi adquirido: o sentimento de ser alguém que pode sustentar a situação de ser integrado porque não está sendo ameaçado incessantemente por inimigos terríveis, que pode crer na existência da bondade. A culpa depressiva tem relação com sentir-se dotado de um interior e temer a desintegração dos contornos que delimitam esse mundo interno, com temer que o mundo interno seja inundado por detritos tóxicos, estragados, com o temor de sucumbir, desmoronar. Só um sujeito integrado pode temer que isso aconteça.

Com esse modo de ler a teoria kleiniana, estamos enfatizando que não é possível falarmos do registro das boas experiências utilizando apenas a descrição da relação entre as entidades que compõem o mundo interno. Concordamos com a afirmação de Fairbairn de que a existência de objetos internos bem delimitados é sempre patológica. Objetos internos são necessariamente corpos estranhos no psiquismo.

Grotstein (2000) traz mais elementos para discutirmos o modo como as boas experiências são registradas no psiquismo. O autor afirma que

> [...] o sistema pré-consciente seria o reservatório para o legado ou a memória das experiências satisfatórias com objetos confiáveis. Isso se dá em oposição ao inconsciente, que é o reservatório da internalização concreta dos não confiáveis, mas necessários objetos que precisam ser controlados e processados de modo dissociado (p. 80).

Rubens (1994), por sua vez, faz uma distinção entre as introjeções patológicas, que constituiriam as estruturas endopsíquicas, e as introjeções não estruturantes, que não se consolidariam em objetos internos e se tornariam registros mais difusos, mas que, por isso mesmo, seriam essenciais para o processo de amadurecimento.

Os conteúdos armazenados no sistema pré-consciente constituiriam um mundo inconsciente normal, o mundo dos sonhos (Grotstein, 2000). Trata-se de um reservatório de experiências corporais com a mãe. Tais experiências seriam indizíveis, pré-representáveis e, portanto, inesgotáveis. A mãe que sustenta a situação de ilusão inicial é desde sempre um não objeto[2]. Desse modo, quando a mãe é capaz de sustentar a situação de ilusão inicial, haveria a possibilidade de metabolização dos cuidados oferecidos por ela na constituição de um corpo próprio, dotado de coisas boas, não tóxico. Além disso, esse legado deixado pelas experiências de cuidado estabeleceria o mundo dos sonhos.

Poderíamos afirmar que o cuidado suficientemente bom daria origem a um narcisismo não patológico, a um investimento libidinal na superfície corporal, que é a superfície de delimitação, mas também de contato.

---

2 Ilusão inicial é um conceito cunhado por Winnicott (1962) para se referir às experiências de cuidado mais precoces. Para sustentar a situação de ilusão inicial, a mãe precisa se adaptar às necessidades do bebê de modo que ele a conceba como uma criação dele. O trauma seria a experiência de perceber a mãe como alteridade de modo muito abrupto ou precoce.

Assim, a constituição narcísica não patológica, que se dá a partir do encontro com o objeto bom, instaura e investe a pele, a superfície de contato com o mundo e, ao mesmo tempo, inaugura a dimensão da reserva, da morada interior. O mundo interno, em vez de ser o único refúgio possível, a ser preservado a qualquer custo, torna-se a sede do não comunicável, de onde surge a possibilidade de relação criativa com as coisas e com os outros.

O objeto excitante e o narcisismo patológico

No modelo de mente proposto por Fairbairn (1944), o objeto excitante é um de seus componentes centrais. Entretanto, o autor nunca deixou muito claro o significado dessa noção. Sabemos apenas que o objeto excitante é constituído pelos aspectos dos objetos primordiais que aguçaram em vão a necessidade da criança de se ligar a eles. Daí que, no início do capítulo, tenhamos nos referido ao objeto excitante como o registro das boas experiências que não puderam ser vividas.

Esse modo condensado de Fairbairn de se referir às coisas autoriza-nos a juntar alguns fragmentos de seus textos com nossas considerações e de outros autores da psicanálise na tentativa de elucidar os significados desta que nos parece ser uma construção muito fértil.

Há pouco, afirmamos que as boas experiências vividas com os objetos primordiais dão origem a um narcisismo não patológico. Ao discorrermos, a partir de agora, sobre o registro das boas experiências que não puderam ser vividas, vamos nos aproximar de uma concepção sobre uma modalidade patológica de narcisismo em que o investimento, em vez de imantar a superfície corporal e delimitar as fronteiras entre o dentro e o fora, recai sobre um aspecto cindido do mundo interno.

Alguns pacientes se referem à existência em si de aspectos muito valiosos, que precisam ser preservados a qualquer custo. A nosso ver, a existência de um núcleo de bondade no self se funda na impossibilidade de tornar mais difuso o registro das boas experiências. Lembremo-nos de que, para Fairbairn (1946), o objeto que se adapta às necessidades da criança constitui-se como um ser separado e não precisa existir como uma entidade interna. Assim, o que há, nesses casos, é um registro de um objeto magnânimo, que concentra alguns atributos mágicos, mas inacessíveis para o trabalho de sonho e para alimentar a relação criativa com o mundo.

Para evitar qualquer confusão, é preciso deixar claro que esse objeto magnânimo e poderoso não é, nos termos de Fairbairn, o objeto ideal. Vale lembrar que o objeto ideal é constituído pelas boas experiências com a mãe real. Além disso, o objeto ideal continua disponível para ser transformado a partir do contato com os outros reais.

Por outro lado, ao nos referirmos a um objeto magnânimo e poderoso, que precisa ser preservado a qualquer custo, estamos falando de uma estrutura imutável. Trata-se, portanto, de um objeto mau, um objeto excitante que assume a roupagem de um deus todo poderoso.

Aprofundaremos a discussão sobre o objeto excitante mais adiante, mas é possível supor que a constituição de uma entidade psíquica dessa natureza se dá quando o indivíduo tomou contato cedo demais com o tamanho de sua dependência em relação ao objeto primordial. Nessa situação, ele se fixa na condição de desprovido e passa ansiar pelo contato com um objeto que, de sua perspectiva infantil, é deslumbrante e poderoso.

Se, anteriormente, definimos um tipo de narcisismo não patológico, aqui temos condição de vislumbrar do que é feito o narcisismo patológico. Nele, todo o investimento libidinal é voltado a um objeto interno que eu possuo e com o qual estou identificado. O narcisismo patológico funda-se no retraimento, no ímpeto de se fechar para o contato com aquilo que vem de fora.

Apesar de a existência do objeto magnânimo ser indicativa de uma resistência do paciente ao contato com o mundo exterior, é preciso que o analista tenha muita cautela e delicadeza no modo de lidar com ele. Isso porque a existência desse objeto é também o indício de que ali há esperança, ainda que congelada. A existência do objeto magnânimo é indício de que algum registro da bondade e da possibilidade de satisfação permaneceu vivo dentro do sujeito. Para se manter vivo, o objeto precisou permanecer intocado. Trata-se de um santuário que não pode ser encarado como um mero obstáculo para o trabalho analítico. É preciso dar tempo ao tempo e esperar que algo que permaneceu condensado possa ir, aos poucos, a partir da sustentação do analista, tornando-se mais difuso.

Os objetos excitantes e a condição esquizoide

Antes de propor um modelo universal de organização da estrutura endopsíquica e antes, portanto, de formular a noção de objeto excitante, Fairbairn (1940) chamou a atenção para um aspecto muito interessante do funcionamento dos pacientes esquizoides.

> Nesse ponto, é apropriado chamar a atenção para o fato de que, quando consideramos os indivíduos com uma tendência esquizoide, um sentimento interior de superioridade está sempre presente, em algum grau [...]. Esse sentimento de superioridade está baseado em (1) uma supervalorização generalizada dos conteúdos pessoais, mentais e físicos; e (2) um intumescimento narcísico do ego proveniente da possessão secreta de, e da considerável identificação com, objetos libidinais internalizados (o seio materno e o pênis paterno) (p. 22).

Não só a psicanálise postula a existência de demônios e criaturas fantásticas no mundo interno, como essas criaturas podem assumir a forma do pênis do pai e do seio da mãe. Mas, afinal de contas, o que significa isso? Se lermos essa afirmação com olhar estrangeiro, entramos em contato com seu aspecto bizarro. Pênis do pai e seio da mãe como personagens do mundo interno? Como eles foram parar lá?

Desde o início, o bebê alterna estados de excitação e de tranquilidade (Winnicott, 1963). Nos momentos de excitação, torna-se agudo o ímpeto de devorar o seio materno, de sugar todo o seu conteúdo. O bebê excitado vive breves períodos de integração e vai à busca do objeto que o satisfaça. Ele se torna um bebê integrado, e vive dentro de si um poderoso sentimento de ligação com o objeto: a excitação. Mas, a cada experiência de ser saciado, desfaz-se esse sentimento de ligação. Assim, após a mamada, o bebê é ameaçado pelo risco de se ver esvaziado e inacessível, de deixar de existir, de cair no vazio. Lembremo-nos de que, para Fairbairn, o ego é a ligação com os objetos.

Entretanto, felizmente, existe outro tipo de ligação com a mãe, que não é a dos estados excitados. Nos estados tranquilos, o bebê pode viver e explorar o mundo graças à presença silenciosa e confiável da mãe. Existe uma ligação silenciosa que está assegurada e, a partir dela, o bebê pode ser. Nesses estados, se tudo correr bem, a criança poderá ir adquirindo a crença de que é amada e de que seu amor é aceito. Vale ressaltar que, nos estados tranquilos, a ligação que o bebê estabelece com a mãe é de um tipo muito diferente, a ponto de não podermos denominá-la de investimento libidinal.

Se nos estados excitados o bebê vive breves momentos de integração e vai à busca do seio, nos estados tranquilos ele vive estados de não integração. Não há bebê e não há objeto. Nos momentos tranquilos, portanto, estar ligado à mãe é estar sustentado por ela, é não precisar percebê-la.

Quando a mãe falha em sustentar a ligação com o bebê nos estados tranquilos, ou, nos termos de Winnicott, quando a mãe não consegue sustentar a situação de ilusão inicial, a criança se vê isolada e sem recursos para tentar se aproximar dos objetos. Entretanto, desde sempre, ela conhece em si as sensações corporais de excitação, de fome, os mal-estares físicos e, mais para a frente, a raiva, os sentimentos de frustração. Aqui, precisamos lançar mão de uma contribuição kleiniana muito interessante. Klein (1946) postula que o psiquismo tem a necessidade de criar inimigos identificáveis, de pessoalizar a origem dos mal-estares. Portanto, em vez de viver um mal-estar difuso e sem contorno, a criança o atribui a uma instância terrível que habita seu interior.

Com isso, a criança que não pode confiar na ligação tranquila com a mãe só conhece dois tipos de ligação com o objeto. O primeiro deles é a excitação, o ímpeto de devorar o seio. O segundo é a dor, o mal-estar. A dor é sempre a dor infligida por alguém, seja ele interno ou externo. A dor é sempre, portanto, um tipo de ligação com algum objeto. Então, temos que a criança só pode se sentir ligada aos objetos quando está excitada ou quando está sendo invadida por uma dor ou por um mal-estar. Ela não pode, em hipótese alguma, abrir mão dessas experiências, porque se verá totalmente isolada. Ao mesmo tempo, não pode suportar a hipótese de ficar à mercê de objetos externos tão traumatizantes. Na tentativa de continuar sentindo dor e excitação sem depender da "boa" vontade dos objetos externos, a criança constitui para si objetos internos e atribui a eles a propriedade de serem a fonte de toda a dor e de toda a excitação. As sensações que emanam dos objetos internos maus são tóxicas e destrutivas, mas, pelo menos, estão circunscritas. Por mais que o objeto seja mau, eu sei quem ele é e do que ele é capaz, o que apazigua a angústia.

Até aqui, descrevemos a origem dos objetos internos a partir do mecanismo de introjeção. Entretanto, há outra maneira de descrever esse mesmo processo, em que a origem dos objetos internos é atribuída à existência na criança de cargas tóxicas de excitação e de agressividade, que suplantam sua capacidade de metabolização e de transformação. Nessa concepção, poderíamos afirmar que o objeto primordial deixou para a criança um legado pouco passível de ser transformado, ainda muito associado às sensações brutas de excitação. O objeto aguçou na criança a necessidade de ligação, mas não a satisfez ou, em outros termos, o objeto aguçou a necessidade de se ligar a ele, mas não se ofereceu como continente para as sensações brutas que ele mesmo despertou.

Na falta de um continente adequado para suas excitações, a criança tenta transformá-lo com os recursos de que dispõe, que não são muitos. As protossensações da criança, tão precariamente transformadas, não podem ser sonhadas e se enquistam em proto-objetos intensamente investidos. Estamos no terreno das protossensações aglutinadas em proto-objetos. A situação é de total estagnação porque os proto-objetos não podem ser sonhados nem transformados.

Segundo Padel (1994), a criação do objeto interno mau parece importante para a fisiologia psíquica. Trata-se de um reservatório para aquilo que não pode ser aceito ou metabolizado ao mesmo tempo que já é o resultado de algum processo de metabolização, ainda que muito rudimentar.

Grotstein (1994) propõe que não são as experiências de excitação ou de frustração com os objetos primordiais que determinam o surgimento dos objetos internos. Para o autor, a vida é composta por experiências libidinais, antilibidinais e neutras, as quais alimentam o trabalho de metabolização. Desse modo, o problema seria viver experiências que suplantam a capacidade de processá-las durante o trabalho do sonho, de metabolizá-las. Em termos mais concretos, temos que as experiências intensas que fazem parte da vida são recriadas pelo trabalho onírico e se transformam em material para o sonho. No sonho normal, as criaturas fantásticas vêm e vão, deixam suas marcas, mas passam. No trabalho de sonho interrompido, por outro lado, elas permanecem sempre as mesmas.

Até aqui, retomamos o modo como se constituem os objetos internos segundo duas perspectivas distintas, mas não irreconciliáveis. De um lado, os objetos internos são constituídos a partir da introjeção dos aspectos falhos ou faltantes dos objetos primordiais. De outro, são constituídos a partir da tentativa de o psiquismo lidar com cargas tóxicas de excitação ou de agressividade[3].

Mas, voltando ao lugar de onde partimos, resta discutir por que eles assumem o aspecto do seio da mãe ou do pênis do pai. A constituição de um objeto interno como fonte da excitação sempre envolve alguma possibilidade de transformação. Nesse processo, o sujeito deixa de estar totalmente à deriva, à mercê dos caprichos dos objetos externos e da violência de suas sensações. Há a constituição de um continente capaz de conter o insuportável. Por outro lado, esse precário continente adquire vida própria e se torna uma fonte imutável de perturbações, o que é indício de um processo de transformação ainda muito rudimentar.

3 Entre os teóricos das relações objetais, uma das grandes controvérsias diz respeito à origem dos objetos internos. Nessas controvérsias, Klein e Fairbairn sempre se colocaram em lados opostos. De um lado, em Klein ficaria evidente a centralidade dos conteúdos endógenos na consolidação dos objetos internos. O aspecto terrível dos objetos que constituem o mundo interno seria devido ao fato de que eles são a expressão psíquica do instinto de morte. Ou, pelo menos, os objetos do mundo interno seriam o alvo prioritário para a projeção do instinto de morte, o que os tornaria sempre muito aterrorizantes. Por outro lado, para Fairbairn, os objetos se constituiriam a partir da introjeção de restos não transformáveis das experiências traumáticas com os objetos primordiais. Muitos comentadores de Fairbairn envolveram-se nessa polêmica e opuseram-se à concepção kleiniana. Com isso, acabaram reforçando a dicotomia entre interno e externo. Entretanto, outros autores, como Grotstein (1994) e Rinsley (1994), trouxeram elementos para tornar a discussão mais complexa.

Conforme afirmamos, estamos lidando com o universo das criaturas fantásticas, as quais se constituem a partir de transformações de protossensações. Nesse universo, há criaturas mais complexas, menos idênticas a si mesmas, e outras, mais rudimentares. O pênis do pai e o seio da mãe enquadram-se plenamente nessa última categoria. Eles são objetos que, ao servir de continente para o excesso de excitação, tornam-se eles próprios a fonte perene das excitações que perturbam o trabalho onírico. Além disso, por serem muito rudimentares, eles pouco se prestam a se tornar material para o sonhar. São figuras que, de tão condensadas, impedem o trabalho imaginativo de deslocamento. Quer representação mais crua da excitação corporal do que o seio da mãe ou o pênis do pai?

Se não há sonho, não há vida de vigília. Então, essas criaturas rudimentares, com seus aspectos excitantes e rejeitadores, invadem a vida de vigília e transformam-se em fonte perene de frigidez, anorexia ou, por outro lado, tornam-se, como afirma Fairbairn, a fonte de intumescimento narcísico dos pacientes esquizoides.

Estamos aqui diante de objetos internos (pênis e seio) que são a pura excitação. É como se toda a excitação, que em situações normais difundir-se-ia para os diversos objetos inteiros do mundo exterior, ficasse condensada em um objeto interno parcial. Não é à toa que um objeto tão intensamente investido como esse assuma propriedades mágicas.

Façamos, então, uma síntese do que foi discutido até aqui sobre os objetos excitantes. Um indivíduo foi perturbado pela intensa excitação provocada pelos objetos externos. Na tentativa de controlar as propriedades excitantes do objeto e de constituir um continente para o excesso perturbador de excitação, ele constituiria objetos internos muito rudimentares, dolorosamente irradiantes. Tais objetos assumiriam a forma das duas maiores fontes de excitação para a criança: o seio da mãe e o pênis do pai.

Antes de finalizar essa discussão, ainda falta enfrentar uma última questão. Afinal de contas, o seio materno é obviamente um objeto associado à excitação oral do bebê, mas e o pênis do pai?

O deslocamento da excitação oral para a excitação genital poderia se dar por dois caminhos principais. Em primeiro lugar, afirma Fairbairn (1955), quanto mais frustrações na satisfação das necessidades orais das crianças, maior é a ligação que vai estabelecer com os genitais dos pais, como objetos intensamente investidos e excitantes. Quando o objeto é falho, todas as técnicas para tentar se relacionar com ele, sejam elas orais, genitais ou outras, tornar-se-iam compulsivas, imaturas. Por outro lado, "quanto mais satisfatória é a relação emocional da criança com os pais, menos urgente é a sua necessidade física pelos genitais deles" (p. 122). Em segundo lugar, a vinculação compulsiva aos genitais dos pais poderia ser explicada pela estimulação precoce da sexualidade genital. Com isso, ela se tornaria intensamente investida, mas se tornaria imatura. Nesses casos, a sexualidade genital persistiria lado a lado com uma aguçada tendência oral.

A estimulação precoce da sexualidade genital acontece em situações em que a criança é usada pelos pais como objeto de satisfação deles. Nesses casos, instala-se no psiquismo a intensa excitação não passível de ser transformada.

Considerações finais

Quando falamos sobre as experiências das crianças com os objetos primordiais, precisamos considerar o modo como elas incidem em duas dimensões: a temporal/corporal e a espacial/mental.

É possível analisar as repercussões das experiências traumáticas a partir de dois ângulos. Da perspectiva corporal/temporal, o trauma é a interrupção de algo que não poderá se constituir, ou que poderá constituir um modo de ser falso, imaturo ou frágil, dependendo da terminologia utilizada. Da perspectiva mental/espacial, o trauma constitui o mundo interno que sempre é, em alguma medida, autônomo em relação ao mundo externo e, mais do que isso, autônomo em relação à dimensão temporal.

Por outro lado, seguindo a perspectiva proposta por Fairbairn (1954), afirmaríamos que a boa experiência é memorizada como um processo e, como tal, é inscrita no corpo como um todo, e não apenas na mente. A constituição de um self integrado em um corpo erógeno e a possibilidade de constituir e investir a superfície corporal, local de delimitação daquilo que é interno e de contato com o externo, dependem de um processo sustentado pelo outro.

Sendo Fairbairn um teórico que priorizou a dimensão das estruturas da personalidade, em sua teoria faltam elementos para pensar sobre o modo como as boas experiências são registradas. Como vimos, as construções de Fairbairn mostram-se mais férteis para pensar sobre as boas experiências que não puderam ser vividas.

5.

Corpos erógenos, corpos traumatizados

No sistema teórico erigido por Fairbairn na década de 1940, as considerações sobre o sexo foram praticamente banidas. Quando, nesses textos, o autor se debruçou sobre a esquizoidia e sobre o modo como as experiências impensáveis e traumáticas se inscrevem no psiquismo, o próprio sexo tornou-se impensável. As vivacidades e as intensidades implicadas no processo de tornar-se homem ou mulher a partir da relação com o próprio corpo e com os genitais, com os pais enquanto modelos identificatórios e com a cena primária permaneceram devidamente silenciadas. Nesse modelo, as relações triangulares com os pais não seriam capazes de desencadear nada de novo, apenas de reiterar o funcionamento de um sistema fechado que teria se constituído antes da situação edípica, como resposta às falhas e às faltas maternas.

Mesmo tendo deixado de fora a discussão sobre o sexo nos textos da década de 1940, o autor chamou a atenção para a existência, no seio do psiquismo, de componentes ao mesmo tempo pulsantes, porque carregados de excitação, e dissociados. No momento em que propôs sua estrutura endopsíquica, Fairbairn (1944) postulou a existência de um objeto excitante e de um ego libidinal como elementos centrais. Assim, em seu modo condensado de se referir às coisas, o autor demarcou a existência do sexual na constituição do psiquismo sem, no entanto, falar sobre isso.

Se, na maior parte dos textos do autor, a sexualidade deixa suas marcas de forma extremamente condensada e enigmática, em algumas situações bem específicas, deparamo-nos com *insights* muito significativos e surpreendentes sobre a relação do sujeito com a problemática sexual. No presente capítulo, pretendemos nos debruçar sobre esses lampejos. Mais especificamente, pretendemos discutir o modo como a problemática é abordada nas anotações de autoanálise feitas por Fairbairn em seu diário pessoal, no texto do autor sobre a histeria (Fairbairn, 1954) e no texto em que ele discute o caso Schreber (Fairbairn, 1956a).

Nessa empreitada, vemo-nos lançados em um novo universo de questões muitíssimo interessantes da obra de Fairbairn, mas que foram abordadas por ele muito de relance, com várias lacunas, sem que ele atentasse para quanto aquilo que estava sendo afirmando problematizava o sistema teórico que ele próprio criara e tornava-o menos consolidado, menos definitivo, menos idêntico a si mesmo. As oposições que traçou de modo tão obstinado entre seu modelo teórico e o modelo teórico freudiano perdem aqui seu peso de verdades definitivas, porque o que vemos aqui é um Fairbairn debruçando-se sobre temas caros a Freud e reaproximando-se do pai da psicanálise em seu modo de abordá-los. Definitivamente, o ato de se debruçar sobre o sexual sempre conduz o psicanalista aos lugares mais insuspeitados...

Anotações feitas por Fairbairn em seu diário pessoal

Fairbairn, em um esforço de autoanálise no qual pretendia compreender as origens e os significados do penoso sintoma que o impedia de urinar em banheiros não familiares, anotou em seu diário pessoal algumas lembranças da infância e da adolescência, alguns pensamentos sobre a relação dele com os pais e alguns sonhos.

As notas mais importantes e extensas foram produzidas em 1939, e outras no ano seguinte. Depois disso, há um silêncio de quase dez anos seguido de algumas notas esparsas escritas ao longo da década de 1950.

Em 1939, já fazia alguns anos que Fairbairn estava sendo acometido pelo sintoma que, diga-se de passagem, nunca o abandonaria. Ao mesmo tempo, sabemos a partir de Sutherland (1989), que ele estava imerso em dificuldades na relação com a esposa e que estava às voltas com as hostilidades de seus ex-colegas de universidade, dirigidas a ele e à psicanálise.

Nesse contexto, nosso autor não podia contar com nenhum analista em Edimburgo que tivesse condições de aceitá-lo como paciente. Connell, que fora seu analista durante a década de 1920, não morava mais por lá. As anotações de Fairbairn em seu diário surgem como uma tentativa solitária de lidar com várias questões difíceis.

Um detalhe importante é que, em 1939, Fairbairn estava prestes a escrever seus textos mais originais no âmbito da psicanálise. Essa viagem ao interior, feita por meio de suas anotações pessoais, fez parte de um movimento maior de efervescência e imersão que culminariam na proposição de sua teoria sobre as bases esquizoides da personalidade.

Nas primeiras anotações, feitas no início de 1939, deparamo-nos com as lembranças do menino Fairbairn atormentado pelas invasões maternas. Muitas das lembranças relatadas giram em torno da obsessão com que a mãe o proibia de se masturbar e de tocar o próprio pênis[1].

> Mãe vindo e me dizendo para não me tocar e me avisando que os meninos que tocam a si mesmos estavam sujeitos a contrair doenças terríveis como paralisia quando eles cresciam e dizendo algo sobre o que acontecia com os homens que se envolviam com mulheres ruins.

1 Todas as citações do diário de Fairbairn são extraídas da biografia que Sutherland (1989) escreveu sobre ele (tradução nossa).

> Mãe vindo quando eu estava no berço e colocando a sua mão por baixo das roupas para ver se eu estava me tocando e me avisando das consequências terríveis desse tipo de prática (p. 66).

Diante das invasões, o ódio à mãe seria a reação de alguém que já tivesse podido constituir alguma certeza acerca da própria identidade sexual e de sua posição no mundo, o que certamente não era o caso. No lugar disso, podemos perceber quanto as invasões maternas se impregnaram fundo no self do menino e contaminaram, desde dentro, a relação dele com seu pênis e com sua masculinidade.

> Indagando-me por que a Mãe podia tocar o meu pênis e eu não. Indagando-me por que eu podia tocar o meu pênis na hora de urinar e não podia tocá-lo com o intuito de simplesmente tocá-lo. Achava esse problema um mistério insolúvel. Evidentemente, era o caso de que era tudo bem tocar o pênis quando autorizado pela Mãe, mas fatal em outras situações (p. 66-67).

As lembranças mais dilacerantes conservam, no próprio estilo da escrita, seu caráter de material bruto, não articulado. Os verbos estão no gerúndio, criando a sensação de que as experiências relatadas permanecem atuais, apesar do tempo transcorrido. Além disso, em vários momentos o sujeito está oculto, há repetições. Tudo isso compõe uma escrita fragmentada e, ao mesmo tempo, esquemática e caótica. Há, ainda, o fato bastante significativo de que, nessas notas, ele se refere ao Pai e à Mãe, e não ao "meu pai" e à "minha mãe", como a salientar o lugar de Objetos Absolutos assumidos por Eles nessas lembranças.

O menino Fairbairn indagava-se por que era permitido tocar o pênis em determinadas ocasiões e não em outras. As perguntas que ele se fazia na época revelam a inexistência de um aparato simbólico suficientemente constituído capaz de questionar as intromissões de sua mãe. Ao estabelecer regras ao mesmo tempo tão irrevogáveis e incompreensíveis, a mãe deixava de pertencer ao universo dos seres reais, de carne e osso, e tornava-se um ser fantástico, acima do bem e do mal, onipotente e caprichoso.

As lembranças prosseguem e, por meio delas, percebemos que a sombra que a mãe projetara sobre o self do menino se fazia notar em diversas situações. Nas brincadeiras sexuais propostas pela prima da mesma idade, por exemplo, ele se retraía, sentia-se envergonhado e muito culpado.

Tudo isso indica que o menino Fairbairn estava às voltas, em seu mundo interno, com a relação de horror fascinado da mãe com seu pênis, ao mesmo tempo símbolo da promessa dos gestos grandiosos e sede da sujeira, da destruição e do pecado. Nesse mesmo mundo interno, podemos supor, persistia o horror fascinado do menino pela Mãe.

Além disso, é possível afirmar que a atitude proibitiva e controladora da mãe constituiu para o filho a existência de um pênis ao mesmo tempo muitíssimo investido e associado ao sentimento de descontrole. A presença obcecada da mãe encarnava-se nele e, com isso, o pênis deixou de funcionar como um símbolo de masculinidade e como um canal importante para o estabelecimento de relações objetais exogâmicas. Em vez disso, tornou-se o palco de *horrores incestuosos*. Toda a relação do menino com o próprio pênis estava atravessada pelos desígnios incompreensíveis e míticos da mãe.

Depois de se referir a algumas lembranças da infância, todas com cunho sexual, as anotações no diário pessoal passam a girar em torno dos embaraços e das inibições que o acompanharam durante toda a adolescência.

> Eu lembro que, quando eu permanecia acordado durante a noite com ereções, eu sempre tentava aliviar a tensão urinando – o que era um processo difícil na presença de uma ereção... Muitas vezes, o desejo infeliz persistia e eu permanecia soltando algumas gotas de urina por um período considerável (p. 75).

A relação desajeitada com o próprio pênis descambava para o horror quando o menino se via diante de ereções, poluções e desejos que emergiam nele e que ele não podia controlar. Durante as noites, tentava debelar as ereções que insistiam em perturbá-lo e evitar as poluções noturnas. Seu pênis parecia um objeto mau, que não podia ser usado como uma fonte de prazer. À época, Fairbairn não se masturbava, apesar do desejo de fazer isso. Estava sempre culpado, constrangido, embaraçado, sentia-se errado, inferior, estranho. Ao mesmo tempo, queria conseguir ter prazer com o próprio pênis e senti-lo como uma coisa boa.

> A autoconsciência [*self consciousness*] na adolescência fazia com que eu me achasse estranho já que eu não me masturbava; embora eu não o fizesse havia um conflito com o desejo de fazê-lo; e quando eu me sentia constrangido diante do diretor [da escola] eu achava que ele ia pensar que eu tinha me masturbado. Eu achava estranho que os garotos que se masturbavam pudessem estar livres dos constrangimentos. Eu me sentia deslocado com esses garotos – presumivelmente, libidinalmente inferior. Eu me sentia mais seguro com pessoas mais velhas, com as quais eu adotava uma atitude passiva. Eu estava sempre me perguntando o que as pessoas iriam pensar (p. 75).

Quando vamos lendo as anotações, podemos imaginar a cena: os garotos gabando-se da liberdade com que se permitiam viver a relação com o sexo e com a masturbação. Diante disso, Fairbairn sentia-se inferior, estranho, invejoso.

Ao olhar para tudo isso enquanto escrevia suas notas de autoanálise, Fairbairn procurava compreender a repercussão da atitude da mãe dele naquilo que ele tinha se tornado. Esse filho único, vigiado constantemente pelo olhar castrador da mãe, tornou-se, segundo ele próprio, um adolescente acometido por um senso de inferioridade na esfera libidinal, aliada a uma atitude passiva diante dos outros. Nos termos de nosso autor, ele se tornara um sujeito castrado emocionalmente, que adotava uma atitude feminina perante os outros, que se sentia menos desconfortável na presença de pessoas mais velhas do que com os garotos de sua idade. Em seus devaneios, pensava como seria bom ser uma mulher e não viver a perturbação de carregar um pênis.

As anotações vão prosseguindo e as notas vão deixando de ser fragmentos de memórias não articuláveis e vão se tornando mais analíticas. Fairbairn passa a construir frases completas que compõem um texto mais fluido, além de começar a se referir ao pai e à mãe com letra minúscula. Em um determinado trecho do diário, afirma o autor:

> A situação familiar no início da minha vida era em boa medida caracterizada por uma combinação entre mim e a minha mãe contra o meu pai. Meu pai foi educado em uma *hard school* e era muito avesso a qualquer coisa que pudesse ser considerada uma extravagância. [...] Minha mãe era mais ambiciosa socialmente do que meu pai, e ela queria que eu tivesse benefícios que meu pai achava desnecessários (p. 77).

O pai de Fairbairn era um escocês, religioso e puritano, bem situado em Edimburgo. A mãe era inglesa. Um episódio ilustrativo relatado nas notas se deu na época em que o jovem Fairbairn queria cursar filosofia logo depois de ter concluído a escola secundária. Houve um embate entre seus pais. A mãe queria que ele fosse para Oxford, enquanto o pai achava isso um luxo desnecessário, além de desconfiar de tudo o que diziam respeito à Inglaterra. O resultado desse embate foi que a posição do pai prevaleceu e Fairbairn cursou filosofia em Edimburgo, de onde nunca mais conseguiu sair[2].

Há aqui a indicação da posição que Fairbairn ocupava no triângulo que compunha com os pais. O pai lhe negava os benefícios e só conseguia vislumbrar para o filho a perspectiva de se tornar aquilo que ele próprio havia se tornado. Por outro lado, no casal que formava com a mãe, o filho tornava-se o portador de um futuro grandioso, longe do clima provinciano da Edimburgo.

> Eu acho que as ambições de minha mãe em relação a mim tiveram o efeito de intensificar o meu narcisismo. Elas me fizeram sentir que eu era alguém muito especial,

---

2 Sutherland (1989) nota que, por meio dessa atitude, o pai impediu o jovem Fairbairn de tentar construir alguma distância em relação à mãe, incentivado por ela própria. Mais tarde, ao longo de sua carreira como psicanalista, Fairbairn esteve algumas vezes prestes a se mudar para Londres, que, na época, oferecia um ambiente muito mais caloroso para os psicanalistas que Edimburgo, mas ele nunca conseguiu concretizar isso.

> alguém fora do comum e superior à maioria das pessoas que viviam naquele ambiente provinciano de subúrbio, alguém com um destino e um futuro. Também, eu acho que eu devo ter sentido uma grande culpa em relação às minhas ideias grandiosas e ambiciosas, porque sempre havia como pano de fundo o sentimento de que o meu pai desaprovava aquilo (p. 77).

Fairbairn afirma que estava mais afinado com a ambição cosmopolita da mãe do que com o conformismo provinciano do pai. Ele carregava em si essa promessa insuflada pela mãe de que seria o autor de gestos grandiosos na idade adulta, ao mesmo tempo que se debatia com a influência, nos próprios termos, inibidora, frustrante e castradora do pai.

Por meio das notas podemos perceber que, no conflito com o pai, o ódio era um elemento muito presente.

> Eu não via por que toda a minha vida tinha que se conformar às ideias dele – ou aos preconceitos dele, que era o que pareciam para mim. Eu devo ter sentido um ódio terrível contra o meu pai, além de ter nutrido um desejo mal disfarçado de que ele morresse (p. 78).

Nas linhas citadas estamos às voltas com um típico drama edípico, temperado por aspirações fálicas, rivalidade e uma boa pitada de ódio. O diário de Fairbairn começa com anotações de lembranças brutas da infância e avança no sentido de construir um enredo edípico sobre as relações familiares de seu autor. Mesmo em meio às intromissões maternas não mediadas pela palavra, o filho psicanalista constrói um enredo edípico possível.

Nosso intuito principal, ao trazer para a cena as anotações de autoanálise de Fairbairn, era destacar a questão bem específica da relação dele com uma parte de seu corpo. Essa não era uma parte qualquer, mas o pênis, que está sujeito a sensações muito intensas, a ereções, a poluções. Esses episódios autônomos eram vividos por ele com estranheza, como se viessem para atestar quanto o seu pênis estava descolado de sua personalidade integrada. Ao mesmo tempo, ao ser o alvo das obcecadas invasões maternas, o pênis deixava de ser uma parte de seu corpo e se tornava o palco em que os conflitos com a mãe permaneciam sendo encenados[3].

Como dissemos, enquanto escrevia a maior parte dessas anotações pessoais, Fairbairn estava imerso no movimento que culminaria na escrita de seus textos teóricos mais originais. Curiosamente, as questões que emergiram de modo mais premente em suas anotações de autoanálise permaneceram silenciadas nos textos que ele estava prestes a publicar. Somente mais de dez anos depois vemos o autor

---

[3] Haveria muito mais a dizer e a especular sobre a relação de Fairbairn com seus pais. Um aspecto digno de nota, por exemplo, é o fato de que o pai dele também sofria com a mesma impossibilidade de urinar em banheiros não familiares.

tentando dar alguma destinação teórica para essas questões em dois textos, "On the nature of the hysterical states" e "The Schreber case", aos quais vamos nos dedicar de modo mais detido nas páginas que se seguem.

A constituição das zonas erógenas

Fairbairn (1954) critica a concepção, proposta por Abraham, de que o desenvolvimento psicossexual poderia ser concebido em termos de fases sucessivas caracterizadas pela predominância de uma determinada zona erógena (oral, anal, genital). Defender, como o faz Fairbairn, a primazia das relações de objeto, desfaz a possibilidade de delimitar fases bem definidas. Isso porque o outro, em seu caráter de alteridade, nunca segue, por definição, um padrão definido endogenamente. A criança é, desde sempre, seu corpo inteiro na relação com o objeto que, desde sempre, relaciona-se com todas e cada uma das partes do seu corpo. Em termos bem concretos, poderíamos mencionar como exemplo o fato de que a relação da mãe com os genitais do filho se inicia muito antes do momento em que a criança vive, por volta dos três anos, um recrudescimento das sensações genitais. O trauma determinado pelo horror aos genitais pode se impor desde muito cedo para o bebê, quando, por exemplo, a mãe enrijece o contato ao se aproximar dessa parte de seu corpo ou quando não consegue enxergar que há algo ali.

Apesar de se opor à concepção de Abraham, Fairbairn não abandona a ideia de zonas erógenas. Ele apenas se propõe a pensar sobre a origem delas a partir da perspectiva das relações de objeto. Ao nosso ver, fazendo isso, o autor propõe contribuições muito singulares e bastante interessantes[4].

Para Fairbairn (1954), a constituição de partes do corpo como zonas erógenas é um processo necessariamente patológico[5]. Em outros termos, quando se dá o processo de hiper-intumescimento de determinadas partes do corpo e das funções a elas associadas, isso é indício de que algo errado aconteceu. A partir de Fairbairn, podemos postular a existência de três processos que podem desencadear a constituição das zonas erógenas, todos eles diretamente relacionados às intempéries na relação com os objetos.

No primeiro processo, há a situação em que a relação da mãe com uma determinada parte do corpo ou com uma determinada função corporal da criança é da ordem do traumático. As anotações pessoais de Fairbairn exemplificam bem isso, porque lá o que está em jogo são as intervenções

---

4 Não encontramos menção a essa discussão específica em nenhum texto dos comentadores do autor. Talvez isso se deva, em partes, ao fato de que Fairbairn (1954) a aborde de modo confuso, em um texto tortuoso, povoado por brevíssimas vinhetas clínicas.

5 Na verdade, como é bastante habitual na obra de Fairbairn, ele só se refere aos processos patológicos. Para uma discussão mais abrangente sobre o corpo e a sexualidade, seria necessário discorrer sobre o modo como a relação com a mãe contribui para constituir o corpo do bebê como um corpo erótico. Entretanto, para discorrer sobre isso, não poderíamos contar com as contribuições de Fairbairn.

maternas relacionadas ao pênis do menino Fairbairn e, especialmente, à prática da masturbação. Presumivelmente, as intromissões de sua mãe foram determinadas pelo horror dela ao pênis e à sexualidade genital.

Temos aqui a situação em que, a partir da relação com a mãe, o pênis, e tudo o que ele representa, *tornam-se* a parte rejeitada do self. Como dissemos, o menino ainda não tinha condições de odiar a mãe e suas intromissões. Não havia propriamente um conflito com ela, mas uma situação em que ele se viu concretamente alijado de uma parte de seu corpo. A mãe, a partir da relação com esse objeto parcial, apropriou-se dele como instrumento de seu próprio prazer e de seu ódio. Com isso, o menino Fairbairn incorporou em si o horror da mãe ao próprio pênis e adotou, durante a juventude, uma atitude passiva e castrada emocionalmente em relação à vida. O trauma localizado em uma parte específica do corpo irradiou-se e contaminou a relação do jovem Fairbairn consigo e com os outros. Nesse processo, o pênis deixou de ser uma parte do corpo associada ao prazer e às relações com objetos externos e exogâmicos e passou a ser o palco de fantasias incestuosas, em que o horror da mãe permaneceu para sempre sendo encenado.

Poderíamos igualmente mencionar inúmeros exemplos em que as situações traumáticas incidem sobre a boca da criança e sobre a função de alimentação, ou sobre o ânus e a função de defecação. Várias partes do corpo estão sujeitas às intempéries decorrentes das relações com o objeto.

Por isso, observamos a constituição de zonas erógenas nos locais mais inusitados e o surgimento de sintomas que afetam o bom funcionamento dos diversos processos corporais (respiração, excreção urinária etc.). Em todos esses casos, o que está em jogo é a atitude da mãe (ou do pai) de hiperinflacionar uma parte do corpo ou uma função corporal do filho em detrimento da relação com ele enquanto uma pessoa separada. Nesse processo, uma parte do corpo da criança é expropriada ao ser reduzida à condição de palco para as relações com o outro.

Há um segundo processo que dá origem ao surgimento das zonas erógenas. Em certa medida, ele é oposto ao primeiro que discutimos até aqui. Como dissemos, quando a zona erógena se constitui a partir das intromissões maternas, há a irradiação de uma situação localizada, que passa a contaminar toda a relação da criança consigo e com os outros.

Por outro lado, nesse segundo processo, observamos o movimento inverso ao da irradiação. Nele, um conflito com o objeto sofre a ação dos mecanismos de deslocamento e de condensação e passa a ser encenado em uma determinada parte do corpo *para não precisar ser vivido*. Para ilustrar essa afirmação, Fairbairn menciona diversos casos de pacientes que passaram a apresentar sintomas de conversão histérica quando a solidez dos mecanismos repressivos foi abalada por um episódio difícil ou por uma interpretação excessivamente precisa do analista. Até então, afirma o autor, esses pacientes conseguiam manter os objetos maus devidamente silenciados. Só quando o mecanismo repressivo começou a fraquejar tornou-se necessário lançar mão do processo de conversão.

Desse modo, nesse processo, uma determinada parte do corpo torna-se uma zona erógena, isto é, o palco para os enlaces amorosos ou odiosos dos aspectos cindidos do self com seus objetos maus internalizados, para que esses enlaces possam permanecer excluídos do registro da consciência. Nesse processo que estamos descrevendo, podemos afirmar que o sintoma significa algo, que *o sintoma condensa um significado deslocado*. Trata-se de um recurso para tentar lidar com uma experiência traumática que excede a capacidade de contenção do psiquismo. No processo de conversão histérica, os conflitos com os pais sofrem a ação dos mecanismos de condensação e deslocamento e se instauram em uma determinada parte do corpo. Nesse caso, o sintoma corporal, ao mesmo tempo que é uma representação simbólica do conflito com os aspectos maus dos pais, é uma tentativa de mantê-lo fora do registro da consciência.

Se, no primeiro processo, dissemos que as intromissões determinam que uma parte do corpo *seja* a parte odiada ou excitada do self, no segundo processo, a parte do corpo torna-se um *representante* da parte odiada ou excitada do self.

Há, ainda, um terceiro processo que, segundo Fairbairn, dá origem à constituição das zonas erógenas. O autor propõe que, quando a criança depara com privações e frustrações muito intensas em seu movimento primordial de estabelecer ligação com os objetos do mundo exterior, ela se retrai e passa a se contentar com o prazer autoerótico localizado em uma parte de seu corpo[6]. Trata-se de uma situação em que a criança se refugia em si mesma e nas próprias sensações corporais na tentativa de se proteger das dores impostas pelas experiências de frustração. A parte do corpo *se torna* o objeto que excitou a criança e a frustrou.

A partir da descrição desse terceiro processo, fica claro que não é só a presença excessiva do objeto que determina o surgimento das zonas erógenas, mas também sua ausência excessiva.

Aparentemente, os três processos que descrevemos até aqui, que estariam na origem da constituição das zonas erógenas, são muito diferentes entre si. O processo de conversão histérica assenta-se na capacidade do psiquismo de operar alguma transformação de seus conteúdos impensáveis. Entre a situação traumática, que determinou a introjeção dos aspectos maus dos pais, e a produção do sintoma, há um psiquismo que atua como mediador ao lançar mão dos mecanismos de condensação e de deslocamento. Por outro lado, o primeiro processo é resultado direto dos traumas impostos pelas intromissões da mãe, ao passo que o autoerotismo

6 Mais uma vez, é preciso fazer a ressalva de que Fairbairn só se refere ao autoerotismo patológico, que vem como resposta a uma experiência de privação. Entretanto, seria necessário considerar que a erotização do corpo do filho propiciada pelos cuidados maternos dá origem a uma modalidade de autoerotismo que não só é saudável, como é vital para a continuidade da experiência de ser.

patológico revelaria a busca do sujeito por um refúgio em si mesmo, no qual ele pudesse se proteger das falhas e das faltas maternas.

Apesar de estarmos nos referindo a três processos, é preciso ressaltar que Fairbairn não faz essa delimitação. A nomeação de três processos distintos se deu a partir de um esforço nosso de organizar algo que é apresentado pelo autor de um modo um tanto quanto confuso. Para fins didáticos, essa distinção se mostra importante, porque permite vislumbrar certas especificidades e nuances que, de outro modo, ficariam escamoteadas. Entretanto, na prática, as coisas aparecem de modo muito mais misturado.

É preciso considerar que o intumescimento de uma parte do corpo, produzido pelas intromissões maternas, cria um canal para que todo o conflito com ela seja deslocado para essa parte do corpo *para não precisar ser vivido*. Ao mesmo tempo, esse intumescimento provocado pelas intromissões ou pelo mecanismo de deslocamento faz que uma determinada parte do corpo se torne hiperinvestida, o que, por sua vez, favorece que ela seja usada nas práticas autoeróticas. Também seria possível pensar no mecanismo inverso. As falhas e as faltas maternas muito precoces podem frustrar o ímpeto oral que o bebê dirige ao seu seio. A partir daí, a criança passa a substituir a busca pelo seio pela prática autoerótica de sugar compulsivamente uma parte do corpo o que, por sua vez, faz que a boca se torne o palco em que o ódio e a excitação suscitados pelos objetos passam a ser encenados.

Ao problematizar a delimitação dos três processos que nós mesmos propusemos, temos condição de chamar a atenção para o caráter sobredeterminado dos sintomas corporais. Não é possível, por exemplo, estabelecer uma relação de causalidade simples e direta entre uma situação traumática que incida sobre uma determinada parte do corpo da criança e um determinado sintoma que ela passe a apresentar. Isso porque, ao mesmo tempo que vive *passivamente* a situação traumática, a criança começa *ativamente* a deslocar o ódio e a excitação dirigidos à mãe para a parte do corpo afetada.

Como os três processos sempre acontecem simultaneamente, temos que a zona erógena, ao mesmo tempo que *é* a parte rejeitada e excitada do self, *representa* a parte rejeitada e excitada do self e *se torna* o objeto que, ao rejeitar, excitou, e ao excitar, rejeitou.

O texto em que Fairbairn (1954) teceu suas considerações sobre as zonas erógenas tem como objetivo principal discutir a histeria. Dois fenômenos muito comuns nos pacientes histéricos podem ser compreendidos à luz do que foi discutido até aqui. O primeiro deles, obviamente, é o processo de conversão histérica: os pacientes histéricos tendem a manifestar no corpo os conflitos e traumas *que não puderam ser vividos*. O segundo fenômeno diz respeito ao fato de que, nesses pacientes, a sexualidade genital tende a ser, ao mesmo tempo, hiperexcitada e hiper-reprimida. Por trás desse fenômeno, estariam simultaneamente os três processos de constituição das zonas erógenas que descrevemos anteriormente. Tais processos fariam que os genitais se tornassem o meio principal para que a excitação e o ódio provenientes do objeto e dirigidos a ele pudessem ser expressos.

O caso do paciente Morris, que foi brevemente descrito por Fairbairn nesse mesmo texto, ilustra bem toda essa complexidade. Vejamos como o autor começa a descrevê-lo:

> A real situação durante a sua infância era, brevemente, aquela em que ele, na condição de ser o único menino em uma família composta só por meninas, era objeto de solicitude excessiva por parte de uma mãe nervosa e possessiva, que não apenas o envolvia libidinalmente por meio de sua atenção, mas que também franzia a testa diante de qualquer manifestação de sexualidade por parte dele, proibia-o de se masturbar e, em uma ocasião, submeteu-o ao trauma de bater nele por mostrar o pênis a ela (p. 20).

A história se repete. Morris também foi um homem que, na infância, teve de se haver com o olhar controlador e proibitivo da mãe em relação ao seu pênis. A persistência do trauma no mundo interno de Morris assumiu feições dramáticas e coloriu com significados tenebrosos a operação de circuncisão à qual ele foi submetido quando tinha cinco anos.

Fairbairn faz longas citações das falas de Morris. Em uma delas, o paciente comenta sobre a repercussão nele da operação de circuncisão:

> Eles levaram a única coisa que me dava prazer. Era algo que eu tinha comigo, sem depender dos meus pais... Que direito tem a minha mãe de se opor ao fato de que eu toco o meu pênis? Ela foi negligente comigo e agora ela se opõe à minha busca por um outro refúgio.... Meu pênis era como uma boneca com a qual eu podia brincar e que eu podia amar (p. 38-39).

Há, aqui, claramente a indicação de que a relação com o pênis se constituiu como um refúgio autoerótico para uma relação insatisfatória com a mãe. Ao mesmo tempo, o palco desse refúgio não foi escolhido arbitrariamente. Ao contrário, foi determinado pela atitude da mãe, que o intumesceu perenemente por meio de seu olhar vigilante.

Além disso, uma construção do analista diz quanto, na relação com o próprio pênis, está em jogo também a utilização do mecanismo de deslocamento. Quando o paciente se refere ao medo de que a mãe o castrasse, o analista constrói a seguinte interpretação:

> Eu afirmei que, embora fosse verdade que ele tinha sido circuncidado quando tinha cinco anos por conta de uma

> fimose, o problema verdadeiro dele não era uma ameaça de que a mãe ferisse de fato o seu pênis, mas um *choque de personalidades* entre ele e sua mãe relativo à questão do uso que ele fazia do próprio pênis; e eu acrescentei que ele estava tentando escapar da aflição causada por esse choque de personalidades localizando o drama no pênis (p. 35).

Fairbairn usa essa discussão toda sobre o mecanismo de substituição do conflito com a mãe por um temor obcecado de que ela ferisse seu pênis para ilustrar quanto o mecanismo de conversão pode estar atuante mesmo quando não há a produção de um sintoma corporal bem estabelecido.

O caso do paciente Morris permite-nos revisitar a questão do complexo de castração à luz das relações entre o paciente e seus objetos primordiais. No caso dele, o temor da castração é a marca do horror da mãe ao seu pênis e a tentativa de deslocar o ódio à mãe para essa parte do corpo.

Erotismo anal

Fairbairn (1954) faz uma importante distinção entre as diversas partes do corpo e salienta a especificidade da boca e dos genitais, que funcionam "naturalmente" como canais para o estabelecimento de relações objetais. Em situações normais, o prazer associado ao encontro dessas partes do corpo com o corpo de outra pessoa contribui para fortalecer ainda mais a ligação com ela. Por causa dessa especificidade, seria possível se referir a uma fase inicial da vida do bebê em que a oralidade predomina. Nessa fase, a principal forma de ligação do bebê com a mãe se daria por meio do ato de sugar o seio. Do mesmo modo, seria possível se referir à existência de uma fase, bem mais tardia, em que os genitais seriam um dos meios importantes para o estabelecimento de relações com o objeto. Por serem meios importantes de relação, a boca e os genitais estão frequentemente imbricados nas situações de conflito ou de falha dos objetos.

A concepção de desenvolvimento psicossexual que se tornou clássica no âmbito da psicanálise dá grande destaque à questão do erotismo anal. Fairbairn (1954) é especialmente crítico ao fato de que, nessa concepção, seja postulada a existência de uma fase anal. A fase oral refere-se a um momento da vida em que a boca é o principal meio utilizado pela criança para se relacionar com seu objeto. Por sua vez, após um período de amadurecimento inicial, os genitais tornam-se um meio importante de relação com os objetos[7]. Mas e a fase anal, pergunta-se Fairbairn, a que modalidade de relação com o objeto ela se refere?

Em um primeiro momento, as críticas do autor parecem muito pertinentes. Entretanto, a nosso ver, elas não resistem a uma análise mais cuidadosa. É preciso considerar que os

7 As mesmas críticas à concepção de que existe uma fase anal podem ser feitas à concepção de que existe uma fase fálica do desenvolvimento psicossexual.

movimentos de expelir e de reter envolvidos na defecação somente podem ser compreendidos como movimentos endereçados aos objetos. Nesse caso, a defecação também precisaria ser encarada como um canal "natural" para o estabelecimento de relação com os objetos.

A alimentação, a partir do desmame, deixa paulatinamente de depender da presença do seio da mãe real e, com isso, torna-se uma função em que o sujeito tem de se haver com os conteúdos que ele colocará para dentro de si. A nosso ver, o mesmo pode ser dito sobre a função de defecação. No início, ela é dirigida à pessoa da mãe. Só depois é que se torna uma questão entre o sujeito e seus conteúdos internos.

Com o próprio Fairbairn (1940) aprendemos quanto a necessidade de promover uma cisão radical entre eu e outro, dentro e fora, compromete os movimentos de trânsito (dar e receber, expelir e reter, comunicar e se deixar afetar pelo que é comunicado etc.).

Em uma situação "normal", quando a criança se torna apta a controlar os esfíncteres, institui-se uma nova possibilidade de relação dela com a mãe enquanto pessoa separada e dotada de um interior[8]. O ato criativo de expelir só se tornará possível se a criança puder confiar que dar não é o mesmo que permanecer para sempre vazia.

Por outro lado, para o paciente que se viu submetido a experiências de privação, o ato de dar estaria associado aos

8 Trata-se de uma modalidade de relação com a mãe que está mediada por um símbolo (fezes).

riscos de se ver esvaziado e, pior ainda, ao risco de matar o objeto. O bebê lactante organiza seu mundo a partir do binarismo composto pelos estados de plenitude e de esvaziamento. O próprio bebê sente-se pleno ou vazio e passa a atribuir ao seio esses estados. Acontece que, quando ele vive experiências de privação, o sentimento de esvaziamento se torna muito doloroso e persistente, e o sentimento de ser o responsável pelo esvaziamento do seio se intensifica. Diante de uma realidade tão precária, em que não existe um objeto bom lá fora em que se possa confiar, o sujeito passa a se apegar avaramente aos conteúdos que conseguiu colocar para dentro de si. Há aí um aguçamento das necessidades orais determinado pelas experiências de privação, mas há também um intumescimento dos processos associados à defecação. Nesse caso, o sujeito não consegue abrir mão das fezes porque elas são muito preciosas e raras, e não consegue oferecê-las à mãe porque elas são muito tóxicas e destrutivas.

De qualquer modo, o fato de Fairbairn (1954) criticar a postulação da existência de uma fase anal não significa que ele desconsidere o quão frequentes são as situações em que essa região do corpo torna-se alçada à condição de zona erógena. Isso, nos termos do autor, poderia ser explicado em razão de que:

> (1) a função de defecação presta-se intrinsicamente para a encenação de um conflito entre a criança e a mãe em relação à questão da dependência e da independência da

> criança, e (2) que essa função é particularmente susceptível a ser submetida à intervenção materna (p. 36).

No ato da defecação estão condensados diversos processos: os cuidados corporais na época do uso das fraldas, depois, o treino na época de tirar as fraldas, depois, a aquisição da autonomia em relação à defecação e à capacidade de expelir ou reter algo que sai do interior do corpo. Tendo tudo isso em vista, torna-se compreensível o primeiro ponto salientado por Fairbairn, que se refere à região anal e à função de defecação como propícios para a encenação de um conflito entre a mãe e a criança.

No ponto (2), por sua vez, está proposto que o que torna a região anal propensa a se constituir como uma zona erógena é o fato de que ela está suscetível às intervenções maternas. Para ilustrar essa afirmação, ele menciona o caso de pacientes que foram submetidas a enemas frequentes na infância. Poderíamos enumerar diversas outras modalidades de intromissão relacionadas à região anal e à função de defecação.

Para uma compreensão mais abrangente do erotismo anal, seria importante acrescentar um terceiro ponto, mencionado por Fairbairn (1940), que diz respeito ao fato de que essa região do corpo se presta muito ao uso autoerótico. Isso se explica não só porque se trata de uma área especialmente sensível, mas também, como dissemos há pouco, porque ela está envolvida em um processo por meio do qual os conteúdos do mundo interior são expelidos ou retidos. Diante de uma experiência de privação persistente, a relação com as fezes perderia o caráter de ser um canal de expressão de amor à mãe e se tornaria o palco de um intenso investimento autoerótico nos conteúdos interiores.

A cena primária

Na discussão que fizemos até aqui, ao nos referirmos à origem dos sintomas que se manifestam no corpo, apontamos para o papel decisivo desempenhado pelas intromissões maternas. Na discussão que faremos a seguir sobre o horror à cena primária, também estamos às voltas com as repercussões de intromissões que incidem sobre o corpo da criança. No entanto, aqui nosso foco será debater como essas intromissões participam na definição do papel sexual a ser assumido pela criança.

Isso nos leva direto para a cena primária. Fairbairn (1956a) dá início à discussão sobre esse tema nos seguintes termos: "É a experiência do presente autor que a maior resistência encontrada na prática psicanalítica é aquela dirigida contra reavivar a cena primária, tendo sido ela testemunhada ou apenas inferida durante a infância" (p. 56).

Para compreender isso, é preciso, em primeiro lugar, retomar o sentido que a palavra resistência assume na teorização de Fairbairn. Para o autor, resistência e cisão são partes de um mesmo movimento que visa expulsar as repercussões das experiências traumáticas da esfera da consciência. Diante da experiência traumática, o primeiro movimento do sujeito é o de introjetar os agentes que a causaram. Só quando esses agentes se tornam internos é que o sujeito se torna capaz de coagi-los, de controlá-los. O preço que ele paga por isso é ver-se condenado para sempre a conviver com esses objetos maus dentro de si. A partir daí, o sujeito lançará mão de todo o seu ódio para manter os objetos maus apartados e silenciados.

A incorporação dos agentes causadores das experiências traumáticas precisa ser lida como uma tentativa rudimentar de pensar o impensável, de conter o que não pode ser contido. Ao localizar em si a causa da experiência traumática, o sujeito sai da condição de extrema passividade a que se viu submetido e se torna apto a lançar mão dos mecanismos de cisão e de repressão, que são os únicos recursos de que dispõe.

Assim, quando Fairbairn afirma que estamos diante da maior resistência encontrada na prática psicanalítica, ele acena para o fato de que a cena primária está próxima demais de experiências traumáticas e, por isso, impensáveis.

Nos itens anteriores, vimos aludindo aos sintomas corporais, que são exemplos de fenômenos que se abatem sobre o psiquismo e que se situam no limite daquilo que pode ser pensado. O sintoma congela em si uma situação traumática para que ela possa ganhar alguma representação, ao mesmo tempo que ela permanece apartada da consciência para que o sujeito consiga, literalmente, passar por cima dela e seguir vivendo.

Fairbairn descreve as reações físicas de alguns pacientes dele diante de interpretações ou de situações que cumpriam o papel de reavivar a situação da cena primária. Afasias, paralisias, sonolência e ansiedades fóbicas são algumas das reações que ele descreve. Aqui, observamos a ocorrência do fenômeno que vínhamos descrevendo. A interpretação do analista, ao lançar o paciente na realidade da cena primária, coloca-o muito próximo daquilo que é impensável. O sintoma vem para conter aquilo que o psiquismo não é capaz de conter.

O autor menciona quase todos os pacientes que compunham sua clientela em meados da década de 1950 para justificar a afirmação de que a maior resistência encontrada na prática psicanalítica é aquela dirigida contra reavivar a cena primária. Tal resistência, propõe Fairbairn, teria sua origem ligada a situações traumáticas bem específicas vividas por eles na infância. Alguns de seus pacientes dormiram com os pais na cama por muitos anos, outro foi obrigado pela mãe a dormir na cama com a irmã mais nova para evitar que o pai mantivesse relações sexuais com a filha, outro, ainda, apesar de ser menino, foi tratado pela mãe como se fosse menina.

O psicanalista escocês faz essa relação muito interessante entre o horror à cena primária e as experiências específicas da infância. Entretanto, ele parece ter dificuldade de justificar e de dar corpo para essa importante descoberta[9]. Quando

---

9 Talvez, à luz das informações de que dispomos sobre as experiências do menino Fairbairn, possamos especular que ele conhecia muito de perto esse horror para conseguir falar sobre ele.

tenta se aprofundar mais nessa discussão, ele acaba lançando mão de explicações um tanto quanto genéricas para justificar esse horror. Por exemplo, ele propõe que a cena primária coloca o menino às voltas com a experiência de ser preterido pela mãe. Assim, reavivar a cena primária seria entrar em contato com o ódio dirigido à mãe e com o risco de destruí-la, o que, da perspectiva da criança, significaria o risco de destruir o mundo.

Diante dessa explicação, podemos até concordar que o ódio reprimido desempenhe um papel importante, mas isso não parece suficiente para dar conta de um fenômeno dessa magnitude, que tem implicações tão incisivas.

Estranhezas na definição dos papéis sexuais

Fairbairn (1956a) escreveu um texto sobre o caso Schreber pouco tempo depois de ter sido lançada a versão em inglês do livro *Memoirs of my nervous illness*, do próprio Schreber, que até então só estivera disponível em alemão. No livro, são narradas as memórias do período em que ele esteve internado em hospitais psiquiátricos.

Depois de fazer uma síntese do conteúdo do livro e de discutir as interpretações do caso propostas por Freud, e posteriormente por Macalpine e Hunter, Fairbairn reserva as últimas páginas para tecer algumas considerações pessoais. É nesse momento que ele começa a discorrer sobre a cena primária. Nosso autor entende que o horror à cena primária desempenhou um papel fundamental no adoecimento de Schreber e esteve presente na estruturação de seus delírios e alucinações. Os textos de Freud e de Macalpine e Hunter são criticados por não terem atentado a isso.

Antes do surto que o levou a ser internado por longos anos, Schreber já tinha adoecido, ainda que de maneira bem mais branda e bem menos duradoura. Ambos os episódios aconteceram logo após ele ter assumido postos importantes em sua carreira de juiz.

> [...] dificilmente se trata de uma coincidência que o início dos seus adoecimentos tenha se dado justo quando ele se viu diante da perspectiva de assumir o papel de uma importante figura paterna... Assumir esse lugar deve ter significado para ele participar da cena primária, a partir da identificação com seu pai (p. 58).

Nos vários delírios de Schreber, propõe Fairbairn, estavam presentes, de um lado, a crença de que ele estava se tornando mulher e, de outro, diversas fantasias associadas à procriação. A única forma de procriação que não fazia parte das fantasias de Schreber era aquela que se dava a partir da relação sexual entre um homem e uma mulher.

Segundo o autor, tanto o delírio de Schreber de se tornar uma mulher como o de negar a existência da cena primária cumpriam os mesmos objetivos: manter-se a distância do ódio à mãe suscitado pelo sentimento de exclusão associado à cena primária e, ao mesmo tempo, poder desfrutar de toda a excitação implicada na relação sexual entre o pai e a mãe.

Depois de se remeter brevemente aos aspectos singulares do caso Schreber, Fairbairn parte para uma indagação mais geral sobre o que estaria por trás da dúvida muito comum nos pacientes esquizofrênicos, e mesmo nos pacientes esquizoides, em relação ao sexo ao qual pertencem. Na verdade, afirma o autor, a dúvida não é relativa ao sexo ao qual pertencem, mas ao papel sexual que devem desempenhar. "[...] pela experiência do presente autor, essa dúvida surge, não por causa de uma bissexualidade inerente, mas por causa de uma incerteza acerca das identificações na cena primária" (p. 59).

Fairbairn se opõe a explicações que lancem mão da postulação, proposta por Freud, de que todo ser humano teria constitucionalmente disposições sexuais simultaneamente masculinas e femininas. O autor afirma que as dúvidas dos pacientes esquizoides dizem respeito ao papel sexual que eles devem desempenhar e atribui a origem dessas dúvidas a dificuldades ligadas à cena primária. Ao fazer isso, ressalta o fato de que a definição sexual não se dá a partir de um processo endógeno, que tem a ver apenas com disposições constitucionais. Mais uma vez ele busca chamar a atenção para a primazia das relações de objeto. Na concepção defendida por ele, os objetos têm um papel decisivo no modo como o sujeito se define sexualmente. Mais especificamente, a definição sexual se dá a partir das posições estabelecidas pela cena primária e dos lugares de identificação que são reservados para o sujeito nessa cena.

Anteriormente, mencionamos algumas situações traumáticas vividas pelos pacientes de Fairbairn na infância e que estariam na origem do horror deles à cena primária. Dormir na cama dos pais, ser tratado por eles como se fossem do sexo oposto e ser usado por eles como barreiras para as relações sexuais foram as situações mencionadas. Nesse momento, já temos condição de tatear melhor o que as torna traumáticas.

A definição sexual se dá a partir da possibilidade de imaginar as posições que os pais ocupam na cena primária, de fantasiar sobre isso e de brincar com os lugares de identificação. Esse processo só se dá a distância, quando a porta do quarto dos pais se fecha e a criança pode se proteger do excesso de excitação e brincar em paz. Por outro lado, em todas as situações mencionadas, a distância necessária foi destruída. O menino que foi usado pela mãe para impedir as aproximações sexuais do pai permaneceu aprisionado a um lugar real demais na cena primária para que pudesse experimentar qualquer lugar possível de identificação. O outro, que foi tratado como menina, foi submetido à percepção alucinada da mãe em relação ao corpo dele, o que comprometeu qualquer possibilidade de transitar. Por sua vez, para o outro, a proximidade excessiva do corpo irradiante dos pais também representou uma dificuldade importante.

A situação do menino Fairbairn, que discutimos a partir de suas anotações pessoais, presta-se a ilustrar os dois processos que estão sendo discutidos. De um lado, as intromissões de sua mãe determinaram que o pênis dele se tornasse uma zona erógena hiperintumescida. De outro, supomos, comprometeram a possibilidade dele de brincar com os lugares de identificação na cena primária.

Para darmos seguimento à discussão, acompanhemos o relato de mais um caso apresentado brevemente por Fairbairn (1956a). Trata-se de outro paciente, mais um, que foi usado pela mãe para dormir colado ao corpo dela e, com isso, evitar as aproximações sexuais do pai. Esse mesmo paciente foi tratado pela mãe como se fosse uma menina.

> Tendo crescido como uma garota ligada à sua mãe, e tendo reprimido a sua sexualidade masculina de modo a se conformar com as exigências de sua mãe, ele se viu completamente sem lugar na comunidade dos meninos, e consequentemente sentiu-se completamente mistificado (p. 59).

O autor propõe que esse ar de mistificação, tão comum em pacientes esquizoides, também é característico das meninas que foram submetidas a práticas sexuais incestuosas. Assumir um ar de mistificação parece ser o modo de encarnar um lugar que é desencarnado. Ser a mulher do próprio pai, ou ser, diante dos olhos da mãe, uma menina com pênis, é ter de assumir um lugar vago, impreciso, confuso.

A cena primária condensa em si toda uma organização de mundo que é posta em xeque quando seus princípios básicos não são levados em consideração. Homem e mulher, eu e outro, adulto e criança, pai/mãe e filho/a são alguns dos binarismos que a compõem e que são o esteio básico a partir do qual o sujeito pode colocar os pés no chão e existir. Quando os esteios básicos são ameaçados, os pés não encontram o chão, o menino não encontra lugar na comunidade dos meninos, e o que resta é esse, ao mesmo tempo, vago e hiperexcitante, real e etéreo sentimento de mistificação.

Ao longo do presente capítulo, mencionamos diversas pessoas que passaram, na infância, por situações traumáticas associadas à cena primária: o próprio Fairbairn, o paciente Morris e quase todos os outros pacientes que compunham a clientela de nosso autor em meados da década de 1950.

Agora, temos condição de voltar à discussão que iniciamos anteriormente sobre a afirmação de Fairbairn de que a cena primária suscita uma enorme resistência. É possível afirmar que, nessas pessoas todas, a cena primária precisava ser negada ou mantida a distância por estar muito associada a um estado confusional, a um sentimento de inadequação e de bizarrice, a uma impossibilidade angustiante de se apropriar do próprio corpo e dos órgãos genitais[10].

---

10 Nessa concepção, o patológico não está associado ao lugar assumido pelo sujeito (homossexual, heterossexual, bissexual, transexual), mas ao estado confusional que impede o sujeito de assumir um lugar.

Como dissemos, nas situações extremas, o sujeito passa a apresentar um ar de mistificação que está associado à própria impossibilidade de ser e de existir. Mesmo em situações menos extremas, podemos imaginar o quão custoso se torna assumir um papel sexual e manter uma vida sexual ativa, porque isso estará para sempre intimamente imbricado com os horrores associados à cena primária.

Neste momento, gostaríamos de postular, a partir de nossa experiência clínica, a existência de uma segunda modalidade de horror associado à cena primária, não abordada por Fairbairn.

Como dissemos, na primeira modalidade de horror, determinado pelas situações traumáticas, o reavivar da cena primária arremessa o sujeito próximo demais do impensável, do sem sentido, da confusão. Já nessa segunda modalidade de horror, a cena primária assumiria o lugar de *símbolo* da integração entre corpos separados (internos ou externos). Nesse caso, estaríamos mais próximos do campo do simbólico e das ansiedades depressivas.

Conceber-se como fruto da união sexual dos pais é correr o risco de que os aspectos cindidos da personalidade se reúnam novamente. O pai e a mãe internos, por causa do caráter rejeitador ou excitante deles, precisaram ser mantidos separados e alijados da consciência. Conceber a união dos pais, isto é, conceber os pais como um casal, é correr o risco de se integrar, amadurecer e ter de abandonar um modo patológico e já conhecido de funcionamento. Além disso, conceber-se como fruto de uma relação sexual entre os pais é tomar-se como a encarnação de um encontro entre duas pessoas reais. Não se trata de um encontro qualquer, mas de um que, supostamente, envolveu, entre muitas outras coisas, excitação, entrega, sentimentos intensos e reais (de amor ou de dor e de repulsa...), ejaculação (perda do controle em relação aos próprios conteúdos internos valiosos). A cena primária, portanto, é capaz de suscitar as ansiedades depressivas associadas à conquista da integração da personalidade e da capacidade de se relacionar com pessoas inteiras.

Apesar de estarmos propondo a existência de duas modalidades de horror à cena primária, lá vamos nós, de novo, problematizá-las. Isso porque, na vida real, ambas as modalidades estão definitivamente imbricadas. A cena primária traz sempre consigo a ameaça de que o sujeito se veja lançado novamente no estado confusional determinado pelas situações traumáticas da infância. E arriscaríamos dizer que esse processo de se tornar homem ou mulher a partir da identificação de um papel a ser assumido na cena primária nunca é totalmente isento de confusões. Ninguém pode se ver livre, por exemplo, do poder excitante que os corpos de ambos os pais emanam. Ao mesmo tempo, a cena primária também assume inevitavelmente esse estatuto poderoso de símbolo da união entre os corpos e carrega a lembrança, encarnada em nossa própria existência, do quão suscetíveis estamos ao outro[11].

Reconquistando a distância possível

Vamos, agora, pensar brevemente sobre o papel do psicanalista diante de todas as perturbações, as ansiedades e os traumatismos que discutimos até aqui. Para isso, vamos recorrer à descrição de mais uma das pacientes de Fairbairn (1956a): "[Eu tenho] uma paciente que, sempre que qualquer aproximação da cena primária é feita durante a sessão, imediatamente fica (literalmente) paralisada, afásica e passa para um estado narcoléptico" (p. 56).

A impossibilidade de pensar a cena primária dá origem a um estado de sonolência e confusão nessa paciente, que dormiu na cama dos pais até os oito anos. O autor prossegue na descrição: "Curiosamente, essa mesma paciente se tornou livre de sintomas por várias semanas durante uma interrupção temporária da análise depois de sonhar com a cena primária de um modo mal disfarçado" (p. 57).

Há dois eventos concomitantes na afirmação citada, e Fairbairn não deixa claro o tipo de relação de causalidade

11 É claro que, em alguns casos, o significado traumático prevalece em detrimento do simbólico. Pensamos, por exemplo, em situações em que os traumas foram tão intensos e determinaram uma cisão tão radical entre o dentro e o fora que se deu um completo esvaziamento das propriedades simbólicas associadas à cena primária.

que está sendo proposto. Foi a possibilidade de sonhar a cena primária ou foi a possibilidade de se distanciar temporariamente do analista que fez que a paciente se visse livre de seus sintomas por várias semanas?

Talvez as duas coisas. O analista lança a paciente nos horrores da cena primária com as suas interpretações, mas, principalmente, com sua presença física e psíquica. Estamos aqui diante da clássica situação em que a relação com o analista, dado seu caráter explosivamente transferencial, torna-se a própria causa do adoecimento da paciente. Ao se afastar dele durante uma merecida interrupção temporária da análise, a paciente pôde viver um descanso de seus sintomas. A interrupção temporária cria as condições para que ela possa se distanciar do contato com o corpo excitante dos pais/analista na cama/consultório e possa voltar a dormir e a sonhar.

Como dissemos, ser excluída da cena primária é condição para que a criança possa fantasiar e possa, em seu tempo, definir um lugar de identificação na cena primária. Nas discussões anteriores, deparamo-nos com as repercussões decorrentes da situação de ser arremessado precocemente na realidade da sexualidade genital. No caso de pacientes que foram submetidos a isso, a própria relação com o analista os coloca próximo demais dos horrores da cena primária. Nesses casos, há que se propiciarem as condições para que o paciente possa descansar de seu analista, porque é nesses momentos que ele conseguirá sonhar e viver.

Há, nessa afirmação, a constatação de que as experiências de estar só, de desfrutar dos prazeres autoeróticos, de se distanciar do corpo irradiante dos pais, de dormir em paz e de poder sonhar são todas essenciais para a constituição do si mesmo. A questão é que a análise representa uma situação de contato promíscuo e excessivo com o analista para os pacientes que nunca puderam viver todas essas experiências durante a vida. Então, a análise precisa propiciar as condições para que os pacientes vivam as experiências que a própria presença do analista torna impossíveis.

Muito precisaria ser dito sobre essa contradição que está posta para o analista, mas isso foge do escopo do presente capítulo.

Considerações finais

O percurso que deu origem ao presente capítulo começou com a leitura das anotações pessoais de Fairbairn e seguiu pelo texto sobre a histeria e, depois, sobre o caso Schreber. Ao iniciá-lo, não tínhamos muita clareza de onde chegaria. Fomos guiados apenas pela sensação de que havia naqueles textos alguns núcleos prenhes de significados, que demandavam um trabalho de organização e de interpretação[12]. Qual

[12] Daniel Delouya (comunicação pessoal) nos ajudou a traçar esse percurso, quando chamou a nossa atenção para a importância do texto de Fairbairn sobre o caso Schreber.

não foi minha surpresa ao constatar que os núcleos traziam condensadas algumas das descobertas freudianas mais importantes: a sexualidade infantil, a prevalência das fantasias incestuosas, o complexo de castração, o horror à cena primária, a bissexualidade em potencial do sujeito diante da cena primária e o caráter polimorfo do erotismo.

Se, nos textos de década de 1940, ao se proclamar o inaugurador de um novo modelo na psicanálise, Fairbairn pôde evitar um encontro corpo a corpo com o pai (da psicanálise), nos três textos estudados neste capítulo, podemos antever uma relação muito mais íntima com a obra freudiana, de mútua fertilização.

É possível dizer que os textos de Fairbairn sobre a histeria e sobre o caso Schreber surgiram como resposta a questões colocadas por sua clínica. Em ambos, o autor parece estar às voltas com fenômenos clínicos muito recorrentes. As novidades propostas por ele parecem ser, acima de tudo, frutos das tentativas de elaborar as experiências que ele vivia com seus pacientes.

Desse modo, podemos afirmar que, em alguma medida, o autor foi conduzido a essa aproximação com a obra freudiana por causa dos fenômenos com os quais se deparava na clínica e por se permitir entrar em contato com as próprias experiências infantis.

Ao longo das discussões, pudemos acompanhar quanto os tabus e os horrores relacionados à sexualidade estavam na origem de diversos fenômenos com os quais Fairbairn se deparava na clínica e em sua vida pessoal. Proibições em relação à prática da masturbação, horror aos genitais, proximidade excessiva com o corpo dos pais, intromissões as mais diversas, todas essas eram dificuldades que faziam parte da vida da clientela de Fairbairn. Além disso, os histéricos, com sua sexualidade ao mesmo tempo reprimida e hiperexcitante, tão presentes na origem da psicanálise, compareciam de forma significativa na clínica do autor. Mesmo entre os pacientes esquizoides atendidos por ele, os traumas diretamente ligados à questão sexual pareciam ser muito frequentes.

Em alguns textos, Fairbairn (1944) demonstra certo saudosismo em relação aos primórdios da psicanálise, quando a clientela de Freud era composta basicamente pelas pacientes histéricas. Segundo o psicanalista escocês, questões importantes foram deixadas de lado quando a histeria perdeu, para outras patologias, o lugar de principal paradigma. Ao vislumbrar as características dos pacientes que faziam parte da clientela de Fairbairn, podemos compreender melhor seu saudosismo.

Se estamos dizendo que nosso autor se deparou com os mesmos fenômenos que tinham sido descobertos por Freud, é preciso ressaltar que o psicanalista escocês olhou para eles com os próprios olhos, ancorado firmemente na perspectiva da primazia das relações de objeto.

Fairbairn (1954) sempre fez questão de enfatizar quanto o conceito de repressão, cunhado por Freud a partir do encontro dele com as pacientes histéricas, foi a pedra angular sobre a qual se assentou todo o aparato teórico da psicanálise. Nas origens da psicanálise, está a descoberta de que certos ímpetos, que nesse início eram de natureza eminentemente sexual, permaneciam alheios à consciência e, mais que isso, às regras que regiam os processos que se davam no âmbito da consciência.

Para dizer as coisas de outra maneira, a descoberta que fundou a psicanálise foi a de que um dos mistérios da sexualidade é a capacidade que ela tem de se descolar da personalidade consciente e continuar atuando a partir de outro lugar e de outra lógica.

É possível afirmar que, quando Freud trouxe a ideia de pulsão para a psicanálise, ele o fez como tentativa de se referir ao modo como as disposições corporais, que existem desde sempre, incidem no psiquismo. Nessa concepção, alguém poderia dizer que a psicanálise flerta com a biologia, mas não se trata somente disso, pois a proposta não é falar simplesmente sobre os substratos biológicos da pulsão, porque eles não existem em si mesmos, mas sobre a forma como eles se manifestam enquanto fenômenos psíquicos. Toda essa construção nos permite afirmar que, para Freud, há algo da ordem do sexual que antecede e, em certa medida, independe até, das relações objetais.

Para a psicanálise freudiana, o sujeito, no que diz respeito ao sexo, é atravessado por questões e experiências que chegam até ele como processos estranhos e incontornáveis.

Nessa concepção, o desenvolvimento psicossexual seria aquele em que o sujeito progressivamente pode ir se apropriando de algo que é ele. Muita coisa pode dar errado no meio do caminho e determinar o surgimento de impulsos e excitações autônomos, desgovernados, que precisam ser recalcados, mantidos sob controle.

Fairbairn (1954), com sua ênfase irrevogável nas relações objetais, discordava de tudo isso. Como vimos, para ele, o que é originário é o impulso de estabelecer ligação com os outros. Na proposta do autor, as angústias na relação com o corpo, os sintomas de conversão, o autoerotismo compulsivo e as outras complicações afins sempre estão remetidos a experiências de privação e conflito que se dão na relação com objetos, internos ou externos. Seria possível dizer que, para esse autor, o corpo nunca é em si mesmo uma fonte de perturbações, porque as perturbações sempre estão remetidas às relações com os objetos.

Não precisamos concordar com a radicalidade da posição de Fairbairn para perceber que ela traz consigo novidades muitíssimo interessantes para a discussão sobre a sexualidade, ainda que essas novidades muitas vezes estejam escondidas em infindáveis debates em que o autor busca se diferenciar da proposta freudiana.

Com Fairbairn, somos convidados a olhar para o modo como os tabus que cercam a sexualidade operam no cotidiano das relações familiares e repercutem para sempre no modo como os pacientes lidam com o próprio corpo e com o corpo dos outros. Fairbairn não está falando apenas de fenômenos intrapsíquicos, mas da origem deles no cotidiano das relações reais entre pais e filhos.

A partir das descobertas do autor, poderíamos até nos arriscar a fazer especulações sobre as especificidades do contexto em que ele estava inserido. Será que a onda histérica que varrera o restante da Europa no final do século XIX, alimentada pela intensidade dos tabus e das proibições que cercavam a sexualidade, ainda se fazia sentir na Escócia puritana da época de Fairbairn? Será o método psicanalítico um instrumento tão poderoso a ponto de ser capaz de detectar, desde dentro, todas as minucias de um fenômeno social mais amplo?

É possível que sim. Nesse caso, diríamos que certos contextos históricos favorecem o processo de autonomização da sexualidade em relação à personalidade integrada. Como dissemos, o horror ao sexual expropria o sujeito de partes de seu corpo, que se tornam o palco para a encenação das fantasias incestuosas, do pavor da castração e de tudo mais.

Entretanto, se a singularidade do método psicanalítico nos permite arriscar a formulação de um ponto de vista único e contundente sobre os fenômenos sociais e detectar meandros e entranhas inatingíveis para um olhar de sobrevoo, a própria psicanálise nos fornece os elementos para desconfiarmos de tanto entusiasmo.

Temos de considerar que estamos falando sobre a clínica de um único homem, que também tinha sua história, a qual, inclusive, fora marcada para sempre justamente por uma situação traumática associada à relação com sua mãe e com os órgãos genitais. Havia coisas que reverberavam com mais ênfase nele, e essas coisas, inevitavelmente, tinham a ver com sua própria história. Mas mais do que isso, também é preciso considerar que os pacientes que chegaram até sua clínica e permaneceram nela foram os que resolveram endereçar a ele seus sintomas e, para que essa escolha pudesse se dar, certamente, pesaram as idiossincrasias dele enquanto pessoa.

6.

Uma paciente com genitais anormais? Discussão sobre o caso descrito por Fairbairn em 1931

Introdução

Na década de 1950, Fairbairn (1954) escreveu um texto em que se propõe a discutir os estados histéricos. O texto começa remetendo-se aos primórdios da discussão psicanalítica sobre a histeria. Antes de Freud, afirma o autor, Janet havia proposto que, no paciente histérico, algumas funções e aspectos da personalidade se tornam dissociados e inacessíveis e passam a operar de modo independente. Entretanto, Janet ainda era tributário das correntes que defendiam a existência de causas orgânicas para o fenômeno da histeria e concebia a dissociação como um processo passivo, determinado pela incapacidade do ego de manter todas as funções da personalidade reunidas.

A inovação proposta por Freud, afirma Fairbairn, foi conceber o mecanismo que estava por trás da histeria como um processo ativo por meio do qual o ego buscava evitar que certos conteúdos pudessem vir à tona e se tornar acessíveis à consciência. O caráter ativo desse processo ficou evidenciado quando Freud deparou, no atendimento das pacientes histéricas, com o fato de que elas resistiam ferrenhamente aos esforços terapêuticos empreendidos por ele.

Ao propor a existência do mecanismo de repressão, Freud trouxe a discussão sobre a histeria para o plano simbólico. Os sintomas das histéricas não poderiam mais ser atribuídos a uma disfunção orgânica, como propunha Janet. Eles precisariam ser compreendidos como construções dotadas de significados, ainda que esses significados não estivessem acessíveis à consciência.

Apesar de reconhecer a óbvia importância da revolução proposta por Freud, Fairbairn (1954) lamenta que a ênfase no mecanismo de repressão para explicar os sintomas histéricos tenha levado ao abandono da discussão sobre a cisão. Em vista disso, o autor se propõe a reescrever a discussão sobre a histeria a partir de uma perspectiva que salienta a importância concomitante dos mecanismos de cisão e de repressão.

Para Fairbairn, o paciente histérico é aquele que deparou com objetos excessivamente rejeitadores e excitantes no início da vida. Para lidar com eles, viu-se obrigado a introjetá-los em um primeiro momento para depois cindir suas partes más e submetê-las ao controle repressivo. Desse modo, o histérico é alguém que, de um lado, carrega consigo objetos internos cruéis e restritivos que o levam a sacrificar sua sexualidade de modo compulsivo e, de outro, é alguém que carrega objetos hiperexcitantes, o que o coloca às voltas com uma sexualidade reprimida de forma muito intensa.

Segundo Fairbairn, a histeria funda-se no emprego concomitante dos mecanismos de cisão e repressão de modo a lidar com as partes más dos objetos primordiais e com os aspectos do ego que permanecem apegados a essas partes más.

Em 1931, mais de duas décadas antes de ter escrito o texto sobre a histeria, Fairbairn fez sua primeira apresentação na Sociedade Britânica de Psicanálise. Ele relatou o caso de uma paciente "com uma anormalidade 'genital'" e ouviu sobre ele os comentários de Ernest Jones, James Strachey e Melanie Klein.

Na discussão que faz do caso, Fairbairn (1954), entre outras coisas, salienta a utilização de defesas maníacas por parte da paciente, descreve a atuação de um superego cruel e propõe que a experiência de análise serviu para trazer à tona impulsos genitais, anais e orais que estavam reprimidos.

No presente capítulo, propomo-nos a revisitar esse caso a partir da hipótese de que as contribuições tardias do autor sobre o fenômeno da histeria podem ser muito úteis para iluminá-lo. Isso nos permitirá, então, rediscutir o caso atendido por um analista ainda em início de carreira à luz de suas contribuições mais maduras.

Apontamentos sobre o caso clínico

Fairbairn (1931) dá início à apresentação do caso destacando uma característica que, nos termos dele, talvez o torne único na prática psicanalítica. A paciente, embora sempre tenha sido presumido tratar-se de uma mulher, tinha uma imperfeição genital congênita que levantava dúvidas quanto ao sexo a que ela de fato pertencia. Antes mesmo de apresentar o que a levou a procurar análise, Fairbairn se detém longamente na descrição dos laudos e dos pareceres dados pelos diferentes médicos, com diferentes posições acerca da suposta anormalidade genital da paciente.

O primeiro laudo foi escrito pelo médico que encaminhou a paciente para a análise com Fairbairn. A partir dele, somos informados de que ela foi uma criança perfeitamente normal até chegar à puberdade. Nesse momento, ela cresceu até ficar demasiadamente alta, não menstruou, mas continuou perfeitamente bem. No exame físico, constatou-se a ausência completa de todos os órgãos genitais.

No início do tratamento, Fairbairn partiu do pressuposto de que o parecer do primeiro médico estava correto, mas, à medida que o tratamento prosseguia, ele começou a ter dúvidas. O autor não diz o que o levou a começar a ter dúvidas nem se isso foi discutido com a paciente.

Fairbairn apresenta, então, o parecer de um segundo médico ginecologista, que submete a paciente a um novo exame e chega a conclusões diferentes. Com base nesse parecer, ficamos sabendo que, apesar de o desenvolvimento geral ser fortemente masculino e o peitoral ser muito largo, ela apresenta todos os caracteres secundários de uma mulher (seios, o modo como os pelos pubianos estão dispostos, lábios vaginais, clitóris etc.). O parecer também detecta a presença de um hímen intacto e descreve suas características. Por último, informa que a realização do exame retal foi especialmente difícil, mas que, a partir dele, não foi possível detectar a presença nem do colo nem do corpo uterino. Diante disso, a opinião do médico é que a paciente apresenta gônadas masculinas e é essencialmente do sexo masculino, embora apresente genitais externos que são característicos do sexo feminino.

Quando seguimos na descrição, percebemos que novas dúvidas foram lançadas sobre esse segundo parecer. Nesse contexto, é apresentado o laudo de um geneticista que afirma que o resultado do exame de urina da paciente comprova a existência de gônadas femininas.

Depois de apresentar esse terceiro laudo, Fairbairn toma a palavra e propõe que deve ser dado maior peso ao veredito do geneticista, porque baseia-se em evidências mais objetivas. Com base nisso, o autor é levado a crer que a paciente é uma mulher, com todos os órgãos externos e glândulas próprias do sexo feminino, mas que não apresenta um útero, a não ser que ele esteja presente de forma muito embrionária.

Depois da apresentação de todos os pareceres, surpreendemo-nos com a seguinte afirmação do autor:

> Nessas circunstâncias, a presunção original de que a paciente era realmente do sexo feminino precisaria permanecer intacta; e nunca pareceu sensato compartilhar com ela qualquer informação que pudesse abalar a convicção dela a esse respeito (p. 199).

Essa afirmação nos faz perceber que todas as dúvidas a respeito do sexo da paciente eram do próprio Fairbairn. Muito provavelmente, ele foi o responsável por encaminhá-la ao segundo ginecologista e, possivelmente, ao geneticista também, por causa de uma dúvida dele próprio que não era compartilhada com ela, para que a certeza dela de que era mulher não fosse abalada. Os médicos que a examinam e o analista compartilham um segredo.

Estamos nos ocupando de fazer uma retomada tão minuciosa do início do texto porque ele permite conhecer um movimento silencioso do analista que, diante de dúvidas a respeito da paciente, começa a tomar certas atitudes e a ir atrás para saber mais. Mais do que isso, ele se propõe a saber algo sobre o corpo da paciente sem que ela saiba muito bem do que se trata. Essa busca não diz respeito a um detalhe qualquer. O analista precisa saber se está lidando ou não com uma mulher. Ele não conseguiu se contentar com os laudos dos dois primeiros médicos, que punham em questão a feminilidade da paciente, e só pôde sossegar quando o laudo do geneticista o assegurou de que se tratava mesmo de uma mulher.

Assim, nessa sucessão de laudos do início do texto, acompanhamos o processo em que a paciente pôde se constituir como mulher para seu analista. Essa dimensão do processo vivido pela dupla analítica não é mencionado deliberadamente por Fairbairn, que vai por outros caminhos nas análises e nas discussões que propõe a partir do caso. Entretanto, nossa hipótese é que essa dimensão, em que a paciente se torna mulher para seu analista e perante ele, produz um silêncio muito ruidoso.

Na descrição do caso, a dicotomia entre a faceta totalmente assexuada da paciente e a faceta sedutora e perigosa dela sempre estará presente de modo muito importante. Apesar de descrever, com muita acurácia, o modo de funcionar da paciente nos diferentes momentos da análise, ele não tece nenhuma consideração sobre como esse modo de funcionar se manifesta na relação transferencial com o analista. Muito menos, ainda, há qualquer consideração explícita sobre o modo como o analista recebe tudo isso.

Em nosso modo de nos debruçarmos detidamente sobre esse apêndice inicial do texto, que ocupa as três primeiras páginas, buscamos dar relevo à presença de um analista muito curioso, às voltas com uma dúvida que o mobiliza. Nas páginas a seguir, teremos condição de compreender melhor o contexto em que todas essas dúvidas foram aparecendo.

Ao iniciar propriamente a descrição do processo analítico, Fairbairn (1931) destaca que, ao chegar à análise, a paciente já estava na meia-idade, tinha a profissão de professora, mas estava afastada havia mais de um ano em função de um colapso nervoso. Além disso, acrescenta o autor, por causa das circunstâncias, ela afortunadamente "nunca tinha aproveitado nenhuma oportunidade de se casar" (p. 200).

No decorrer da descrição, ficamos sabendo que, até a puberdade, a paciente era uma criança feliz e irresponsável "para quem os jogos e as brincadeiras propiciavam os interesses mais envolventes da vida" (p. 200). Entretanto, a criança feliz e irresponsável tornou-se uma adolescente focada exclusivamente na extenuante preparação para a carreira de professora. Parece que as transformações impostas pela puberdade deram origem a uma violenta recusa inconsciente do corpo.

Já no final de seu período de preparação para se tornar professora, ao receber a notícia de que não menstruaria, o entusiasmo dela pelo trabalho aumentou ainda mais.

> Ela recebeu bem a notícia de que podia escapar das perturbações da condição feminina; e ela mandou embora da consciência todo o assunto relacionado ao sexo e ao casamento com um suspiro aliviado. Ela sentiu-se livre para se devotar integralmente a sua carreira (p. 200).

Entretanto, sob a égide de um superego tirânico, a paciente começou a se desapontar. Ser professora mostrou-se um fardo muito pesado. Ela se pautava por um padrão de perfeição que era impossível colocar em prática, e não podia tolerar qualquer manifestação de indisciplina por parte dos alunos. Para manter a atenção deles sob controle, ela se desdobrava até a exaustão. Fora da escola, gastava todo seu tempo em preparações que não tinham fim.

Isso tudo começou a gerar um antagonismo com os alunos e a torná-la mais ineficiente, o que, por sua vez, só aumentava a exigência para com ela mesma. A paciente vivia períodos verdadeiramente infernais: ataques de fúria custosamente controlados contra os alunos indisciplinados, estados de confusão mental e perda de memória na sala de aula, sonhos traumáticos relacionados ao trabalho, insônia. Quando tudo isso atingia um pico insuportável, ela se via em desespero e pedia afastamento do trabalho. Depois de afastada, a ansiedade e a depressão sumiam como que por uma mágica, e a paciente vivia um breve período de elação. Entretanto, logo depois, ela começava a se recriminar por ser inútil e por se tornar uma parasita dos pais e mergulhava em episódios melancólicos.

Ao descrever as sucessivas crises da paciente, Fairbairn nos apresenta com grande vivacidade o horror em que ela vivia. Autorrecriminações melancólicas, ansiedades, insônias, pesadelos, esforços extenuantes, confrontos com os alunos, desespero. Apesar de tudo isso, ela permanecia suficientemente integrada para continuar enfrentando esses conflitos, sucumbia brevemente a períodos de elação ou a episódios melancólicos, mas logo reassumia o controle da situação e se punha novamente no meio do turbilhão.

Depois de descrever as situações de crise, Fairbairn se debruça sobre a problemática edípica da paciente. O panorama era formado, de um lado, por um pai que se mostrou uma figura relativamente insignificante e, de outro, pela figura dominante da mãe, uma pessoa enérgica e eficiente para quem o bem-estar da família era a coisa mais importante. Na opinião de Fairbairn, era o tipo da mãe que favorecia muito a formação de um superego tirânico nos filhos. Nesse panorama, o papel de figura paterna coube ao avô materno, o que só intensificou a relação de rivalidade com a mãe.

A paciente era a primeira e favorita neta desse avô que tinha morrido havia alguns anos, mas permanecia vivo dentro dela com todos os atributos de uma deidade benevolente, um deus-pai. O avô enchia a neta de presentes, o que contrastava com a postura parcimoniosa dos pais. Ao visitá-lo na fazenda em que ele morava ou, nos termos utilizados pelo autor, ao abrir os portões do paraíso infantil, a menina se deliciava com sua paixão favorita: brincar.

Fairbairn propõe que o primeiro acontecimento digno de nota na análise foi a emergência de incontáveis lembranças da infância relacionadas principalmente à figura do avô e à fazenda em que ele morava.

> As lembranças desse período tinham ficado apartadas da consciência durante toda sua carreira de professora; mas, uma vez que as primeiras resistências foram superadas, elas escorreram pela consciência como se barragens tivessem sido abertas. Ela reviveu na memória os dias infindáveis de brincadeira. Na primeira fase da análise,

> o superego dela estava muito ausente. Eram as memórias felizes e as fantasias da infância que predominavam. Ela estava unida novamente com o avô na fantasia e brincava alegremente com ele nos campos paradisíacos (p. 205).

Na descrição feita por Fairbairn, há um contraste muito grande entre a figura da paciente como professora e a figura dela como uma menina. Enquanto a primeira é determinada, totalmente focada no trabalho e nas exigências impostas pelas obrigações, a segunda é uma figura feminina, agraciada pelo avô com presentes, absorta no universo das brincadeiras. Enquanto a primeira se mostra aliviada por não ter de arcar com os fardos associados à condição feminina, a segunda parece totalmente envolvida no jogo erótico com uma figura masculina. Também há um contraste no modo como cada uma delas lida com a figura de autoridade. A professora está sempre sendo desqualificada por um superego tirânico, e só encontra alguns períodos de sossego quando se rende a ele. A menina, por outro lado, é aquela que burla a autoridade das figuras femininas com o objetivo de continuar a brincar e se divertir.

Desse modo, na mesma pessoa, convivem, de um lado, uma faceta libidinizada, tentada pelas delícias do Jardim do Éden, e, de outro, uma faceta totalmente assexuada que, por meio de um pacto com o superego tirânico, tenta inutilmente se refugiar nas obrigações e sufocar qualquer resquício de prazer sensual.

Nesse início de análise, temos essa situação em que as barragens que mantinham a menina esquecida se rompem, e ela se apresenta para o analista com toda a sua força e toda a sua volúpia.

> Experiências emocionais reprimidas de natureza libidinal romperam os obstáculos impostos pelo tempo; e ela redescobriu aquilo que passou a descrever como o seu si mesmo infantil, o qual permaneceu por muitos anos reprimido no inconsciente. Essa descoberta de experiências sexuais reprimidas foi acompanhada pela emergência de sensações sexuais, as quais, em um primeiro momento, pareceram a ela inteiramente novas, mas que reviveram as memórias de sensações experimentadas nos balanços e gangorras dos seus primeiros dias. A descrição que ela fazia dessas sensações indicava claramente que elas estavam conformadas ao tipo clitoriano. Elas mostraram-se associadas na sua mente com sonhos sobre borboletas; e as sensações a lembravam do bater das asas da borboleta (p. 205).

Um leitor desavisado e apressado passaria por esse trecho e acreditaria que, nesse primeiro momento da análise, as memórias reprimidas puderam ser lembradas, como se paciente e analista se tornassem espectadores de cenas da infância que de repente passam a ser projetadas em um telão imaginário. Certamente, não é disso que se trata.

A presença do analista convida a menina a reaparecer das cinzas e a reencenar, para ele, toda a (re)descoberta de seu corpo feminino e dos prazeres sensuais a ele associados. Com o analista, as borboletas enclausuradas voltam a bater as asas.

No relato do caso, Fairbairn mantém a compostura. Não menciona o caráter obviamente transferencial do que estava se passando ali, mas a paciente insiste e começa a se comunicar de forma ainda mais explícita.

> Nesse mesmo período também a paciente começou a relatar experiências com homens, às quais ela muito apropriadamente designava de "aventuras". Ela tinha que viajar de trem quando vinha para a análise, e, via de regra, essas aventuras aconteciam nas viagens de ida e volta. Ela começou a acreditar que, quando o seu único companheiro de viagem era um homem, ela quase que invariavelmente atraía a atenção dele; e incidentes em que ela era abraçada e beijada por homens quaisquer nos vagões ferroviários não se tornaram infrequentes (p. 207).

Fairbairn lança mão de argumentos estritamente científicos para explicar isso que estava acontecendo. Segundo ele, a análise tinha contribuído para libertar a libido reprimida da paciente. Nenhum comentário é feito ao fato de que esses episódios ocorriam no percurso para a análise. Em relação a isso, seria importante marcar que os abraços e os beijos eram dados por ela em homens quaisquer, mas os momentos em que isso ocorria não eram assim tão acidentais.

Ao contar suas "aventuras", a paciente dizia acreditar que dispunha de um poder especial. Nas estações, todos os homens que subiam no trem, ao passar pela porta do compartimento em que ela estava, paravam, davam meia-volta e resolviam ficar por lá mesmo. Para Fairbairn, isso até poderia ter alguma veracidade, já que, na época, "a paciente exalava libido". Entretanto, afirma o autor,

> [...] quando nós a encontramos tirando a conclusão de que a libertação de seu si mesmo infantil a dotou da capacidade de afetar outras pessoas e até mesmo animais, torna-se evidente que ela deixou para trás a base dos fatos sólidos em direção ao mundo de fantasia da onipotência infantil (p. 207).

A paciente dizia acreditar que, ao conseguir acessar, na análise, o seu si mesmo infantil, passou a dispor de poderes especiais, capazes de serem empregados em benefício da humanidade como um todo.

A nosso ver, a crença da paciente de que ela dispõe de um poder especial é uma questão central para a compreensão do caso e para a compreensão do próprio fenômeno da histeria. Duas características desse poder especial chamam a nossa atenção: a primeira é seu caráter obviamente sexual. O que faz da histérica uma criatura especial é seu poder inesgotável de atrair, de seduzir. A outra é que, justamente por ter esse caráter muito excitante e diretamente sexual, esse poder está sempre sujeito a ser silenciado pelas forças repressivas.

Seria possível afirmar, a partir de Fairbairn (1943a), que o poder a que se refere a paciente é uma versão exacerbada do impulso e da necessidade primordial de estabelecer ligações com os outros, de amar e ser amado. Entretanto, esse impulso encontra-se distorcido de um lado, o que faz que ele assuma essa coloração místico-erótica, e, de outro, encontra-se reprimido e indisponível para ser empregado nas relações cotidianas.

Quando tentou ser uma professora severa, a paciente não podia dispor de nenhuma capacidade de seduzir, de amar, de se identificar com os alunos. Tudo estava sufocado. As crianças ocupavam, para ela, o lugar daquilo que precisa, a qualquer custo, ser mantido sob controle.

Entretanto, ainda que estivessem indisponíveis, essas capacidades estavam muito bem preservadas em algum lugar do self da paciente. A prova disso é a rapidez com que ela estabeleceu uma relação transferencial tão intensa com seu analista. Muito rápido, a máscara rígida da professora assexuada e severa caiu e, em seu lugar, surgiu a bela menina sedutora, ao mesmo tempo apaixonada pela figura mítica de seu avô/analista e apaixonante para os homens que se deparavam com ela.

O convite feito por ela para que o analista se enredasse nas tramas eróticas da transferência precisaria ser visto como manifestação de uma necessidade fundamental que não pôde ser vivida, de uma feminilidade que existe, pulsa, mas não pôde se expressar à luz do dia e, com isso, amadurecer. Nesse sentido, o analista precisaria, de alguma forma, deixar-se envolver naquela trama erótica. Há um aspecto pulsante da paciente que clama por reconhecimento, que reivindica o direito de existir, de sair do confinamento.

Por outro lado, é preciso também, nos termos de Figueiredo (2003), manter-se em reserva. O convite comporta a comunicação de uma necessidade fundamental, mas aceitá-lo totalmente significa se tornar personagem de uma relação estática. Mais adiante, voltaremos a essa questão.

Por ora, é importante ressaltar que a paciente histérica resiste a abrir mão de seu objeto excitante. Nenhum objeto externo pode ser tão grandioso e adorável como o objeto interno excitante que a paciente histérica carrega dentro de si. Ao mesmo tempo, ao se identificar com ele, a própria paciente se torna irresistível, sedutora, dotada de poderes mágicos. Então, no convite ao analista há, simultaneamente, a tentativa de colocá-lo no lugar do objeto excitante e de submetê-lo aos poderes mágicos da sedução.

Desse modo, o analista precisa se sustentar no dilema de não aceitar o convite nem recusá-lo. Alguns fracassos no tratamento de pacientes histéricas são notórios. Conhecemos bem os fracassos que se deveram à recusa abrupta e enérgica do médico diante do convite que lhes faziam as pacientes. Bem menos conhecidos são os fracassos dos analistas que aceitaram abertamente o convite, mas certamente eles também existiram.

Talvez Fairbairn tenha conseguido se sustentar nesse dilema, mas, na descrição do caso, prefere não falar sobre isso. O autor encara essa história de que a paciente se tomava como alguém dotado de poderes especiais como manifestação de um delírio de grandeza com um caráter messiânico. Aliás, Fairbairn toma todo esse período inicial do tratamento como um grande e ruidoso episódio maníaco.

Um aspecto digno de nota é que Fairbairn dá muito pouca importância ao pai da paciente. Limita-se a dizer que era uma figura ausente e insignificante, eclipsada pela personalidade dominante da mãe. De certa forma, esse lugar vago foi ocupado pela figura do avô. Entretanto, quando entramos em contato com o caso, ficamos com a sensação de que a paciente não passou impune pelas falhas paternas. A ausência do pai projetou sua sombra sobre o si mesmo feminino da paciente, que se viu à mercê de uma mãe tirânica e invejosa e se viu obrigada a se recolher na torre mais alta do castelo.

O jogo a que a paciente convida o analista a fazer é a tentativa de restaurar um jogo que não pôde ser vivido com o pai. Poderíamos supor que as boas experiências com o avô dão corpo e concretude simbólica ao objeto que ela carrega dentro de si, mas seu caráter excitante e perigoso é herança das frustrações impostas pelas omissões do pai.

Depois desse período inicial da análise, afirma o autor, seguiu-se um período de relativo equilíbrio. Fairbairn esforça-se para virar essa página tão turbulenta. Afirma que essa primeira fase foi marcada por questões genitais e edípicas (rivalidade com a mãe, amor pelo avô, despertar das sensações genitais). Mas era chegada a hora de deixar isso para trás e partir para a análise das questões anais e, depois disso, das questões orais. Nesse primeiro estágio, "a análise não penetrou de modo apreciável em nenhuma outra dimensão abaixo do nível genital" (p. 207).

Entretanto, por maiores que sejam os esforços para adentrar outro nível, os ruídos intensos da questão edípica continuam a se manifestar, mas agora de modo mais primitivo. "A atitude dela em relação ao pênis também começou a assumir um colorido oral bem definido, como se tornou evidente nos sonhos em que objetos de conotação fálica apareciam sob a forma de comida" (p. 207).

A descrição do caso prossegue e, nesse momento, deparamo-nos com a descrição de um sonho que

> [...] retratava o irmão dela entrando em um quarto despido, com um ferimento no pênis e um olhar de horror nos olhos. Esse olhar de horror a assombrou quando ela acordou, e a deixou com um sentimento agudo de infelicidade. Sobre essa infelicidade, as associações dela revelaram um senso definido de responsabilidade pelo ferimento; e em uma ocasião posterior o sonho foi retomado com a súbita intuição de que a ferida no pênis do seu irmão parecia ter sido causada por uma mordida (p. 208).

Em sua obra mais tardia, Fairbairn (1944) proporá que, ao se ver diante de um objeto que falha ou que falta, a criança começa a lançar mão de todos os recursos para tentar estabelecer ligações. Em vez de buscar uma relação de amor com os pais, a criança privada passa a buscar o prazer e, em vez de buscar se ligar aos pais inteiros, ela estabelece relação com as partes deles (o seio e o pênis). Se estendermos essa compreensão para o caso da paciente, vemo-la empregando todas as técnicas existentes para tentar dar conta do buraco deixado pelo caráter ausente do pai: desde jogos intensos de sedução até o impulso sádico-oral de devorar o pênis.

Também, essa situação nos remete à descrição da sexualidade da histérica que Fairbairn (1954) faria alguns anos mais tarde. Para o autor, as experiências de frustração excessiva e de excitação excessiva a que foi submetido o paciente histérico contribuem, de um lado, para a persistência da oralidade na relação com o objeto, ao mesmo tempo que contribuem para o despertar precoce da sexualidade genital. Isso leva o autor a propor que a genitalidade do histérico é extremamente oral ao mesmo tempo que a sua oralidade é extremamente genital.

Algumas páginas antes, Fairbairn afirmara que a análise das questões genitais tinha sido superada. Mesmo assim, as aventuras no trem continuavam, mas a atitude dela com os homens tornava-se mais indiferente. "Dava a ela uma sensação de poder, brincar com os sentimentos dos homens e então deixá-los de lado com um ar de indiferença" (p. 209). Fairbairn interpreta essa atitude como manifestação da inveja dela do pênis. Entretanto, a nosso ver, seria mais apropriado dizer que ela está manifestando o desejo de ter o pênis com ela, e não nela. Não só o pênis, ela quer ter consigo o pai/avô/analista. O problema é que, toda vez que a paciente se aproxima dos homens, o padrão histérico se impõe. A dupla erótica sempre repete o *script*: há uma figura frágil e desprezada por outra figura poderosa e sedutora. O objeto grandioso, ao se deixar tocar pela paciente, perde o valor, e ela, ao conseguir tocá-lo, sente-se triunfante e o despreza.

Anteriormente, dissemos que o analista precisa recusar o convite para a trama erótica feito pela paciente, ao mesmo tempo que precisa aceitá-lo. Aqui, podemos vislumbrar o que acontece quando ele não consegue recusá-lo. Ou bem ele se torna insuportavelmente excitante e a relação se encaminha para as raias da loucura, ou bem ele perde totalmente o brilho e se torna um ser desprezível.

Caminhamos algumas páginas e eis que nos deparamos, de novo, com a paciente referindo-se ao seu poder especial de afetar os homens. Porém, agora, a coisa aparece de modo um pouco mais direto: seu poder de afetar atinge principalmente os homens casados, que se prestam ao lugar de figuras paternas. A ebulição da excitação passa a invadir totalmente a cena, e situações banais, como se sentar ao lado de um homem na igreja, adquirem uma conotação sexual perturbadora.

A diferença entre essa situação e as "aventuras" que a paciente se permitira viver com os homens no início da análise é que, se antes, durante os jogos de sedução com os homens, o superego (ou o objeto rejeitador) estivera totalmente ausente, nesse momento, ele apareceu para complicar ainda mais a situação. Ao sentir que estava "afetando" os homens com seu poder especial, a paciente passou a ser acometida por intensos sentimentos de culpa e de vergonha, aos quais ela dava o nome de "adoecimentos". Com isso, ela passou a se sentir envergonhada, desconfortável e adoecida diante das situações mais banais, como quando um homem entrava no vagão em que ela estava sentada. Assim, se o excesso de excitação pode se travestir da sensação de ser a portadora de um poder especial e irresistível, também, sob a influência do superego, pode assumir o caráter de algo perigoso e sujo.

Com o passar do tempo, os "adoecimentos" foram se espraiando para todas as esferas da vida, até que ela passou a ter medo de andar de trem e a adotar várias medidas de modo a diminuir a chance de cruzar com um homem pelo caminho.

É possível dizer que, nesse momento da análise, entrou em cena uma nova personagem, que não era nem a professora assexuada, que banira o sexo da consciência, nem a menina libidinosa do início, que se permitia viver os jogos de sedução a céu aberto.

A nova personagem, uma moça pudica, recatada, podia conter em si o conflito entre a excitação e a tirania, mas, por isso mesmo, sofria:

> [...] ela dirigia para cada homem um olhar de lascívia dirigido ao pênis dele, com toda a lascívia do sadismo oral. Assim todo olhar que ela dirigia a um homem era um olhar culpado, e seus olhos fraquejavam quando eram encontrados pelos dele (p. 212).

Aqui, vamos nos permitir fazer algumas especulações. Como dissemos, a paciente, na época em que era uma professora severa e assexuada, estava sob a égide de um objeto interno tirânico e rejeitador, diante do qual ela inevitavelmente fracassava. Em seguida, quando, no início da análise, tornou-se a menina sedutora e libidinosa, a relação entre o objeto excitante e inacessível e a parte do ego desejosa e incapaz roubou totalmente a cena.

Por outro lado, no momento da análise em que surge a paciente enquanto uma moça libidinosa, mas muito envergonhada, podemos supor que algo se passou. Se tanto a professora quanto a menina são a expressão crua de partes cindidas dos objetos e do si mesmo, na moça envergonhada começa a se instaurar algum espaço de contenção que sustenta a convivência simultânea da excitação e da rejeição.

Naquele momento, ousaríamos afirmar, a paciente começa a manifestar seu primeiro sintoma propriamente dito. Se antes quase tudo era atuação, agora começa a se delimitar um espaço interno em que o conflito se desenrola. A vergonha diz quanto essa delimitação é precária e está sob constante ameaça. Afinal, o que ela teme é afetar os homens, é dar a ver a intensidade dos desejos que ela carrega dentro de si. Assim, a barreira que contém e delimita também carece de opacidade.

É curioso como a vergonha dispara um processo que se retroalimenta. No trem, o constrangimento dela diante dos homens faz que eles se afastem, o que, por sua vez, só faz aumentar a sensação de que ela dispõe de poderes malévolos e repugnantes. Ela também intensifica a sensação de que as barreiras de contenção são demasiadamente transparentes, o que aumenta ainda mais a vergonha, e assim sucessivamente.

Nessa fase em que a moça envergonhada se sentia desconfortável em quase todos os lugares, um de seus únicos refúgios possíveis era o consultório do analista. Podemos afirmar que o espaço analítico, pontual, silencioso e aconchegante, podia cumprir a função que o espaço psíquico ainda não era capaz de cumprir: conter, delimitar, proteger.

Fairbairn apresenta, então, dois sonhos que a paciente relatou na época. Até então, o único sonho que relatara era aquele com o pênis ferido do irmão. É significativo que, bem no momento em que, segundo nossa hipótese, um espaço interno começa a se delimitar, tenham surgido na análise sonhos que Fairbairn considerou suficientemente importantes a ponto de tê-los relatado.

Em ambos os sonhos, a personagem principal é uma figura que está sendo condenada por ter cometido um crime, mas há um sentimento muito forte por parte dela de que essa condenação é injusta. A nosso ver, os sonhos são o testemunho do surgimento de uma nova capacidade. Se antes só existia, de um lado, um eu submetido ao objeto excitante e, de outro, um eu submetido a um objeto rejeitador, agora vemos o surgimento de um eu capaz de tomar distância em relação a tudo isso. Esse eu sente-se injustiçado[1].

A descrição do caso vai se encaminhando para o final, mas, antes de concluir, Fairbairn nos revela uma última surpresa. Parece que, naquele momento, começa a se revelar na análise o fantástico conteúdo da Caixa de Pandora. Os sonhos abundam e, com eles, começa a aparecer uma trupe fantástica de personagens. Tais personagens, que a paciente criou para seu analista, passam a ser utilizados por ela para se referir aos diversos aspectos de sua personalidade. Surge um menino travesso, que "possuía um pênis, um talismã mágico concebido, segundo a visão dela, para abrir todos os portões da risada e para tornar a vida uma festança sem fim" (p. 216). Surge um personagem crítico, "que era caracteristicamente uma figura dotada de autoridade materna; e não era incomum que a própria mãe dela assumisse esse papel sem nenhum disfarce" (p. 217). Outros personagens vão sendo mencionados na sequência. Surge a pequena garotinha que ela gostaria de ter sido na infância, cheia de vivacidade

1 Não estamos dizendo que se sentir injustiçado é uma boa solução para a situação, já que essa dicotomia algoz/injustiçado pode dar origem a um novo padrão totalizante de relação consigo e com os outros.

infantil, mas sem malícia. Surge a figura do mártir, a que nos referimos há pouco, injustamente condenado pelos crimes e pecados que não cometeu.

Podemos supor que essa produção abundante de sonhos, dos quais participava uma trupe exótica de personagens, cumpria a função de deixar o analista deslumbrado. A paciente histérica, em vez de estar simplesmente brincando em análise (sonhando, criando, associando), está também brincando de brincar. E se entrega a isso com paixão.

De tão impressionado com os personagens criados pela paciente, Fairbairn passa a utilizá-los para se lançar em voos teóricos muitíssimo arriscados. E o texto termina com o autor contestando, com base nos personagens criados pela paciente, nada menos que a segunda tópica, que fora proposta pouco tempo antes pelo pai da psicanálise.

Considerações finais

Tudo indica que a paciente descrita por Fairbairn é histérica. Isso significa que, ainda que seja intensamente perturbada pelos aspectos excitantes/excitados e rejeitadores/rejeitados de seu self, ela é capaz de sonhá-los.

Nos textos mais tardios, Fairbairn (1954) propõe a necessidade de a psicanálise voltar a se debruçar sobre o fenômeno da histeria, por ele ser muito elucidativo para a discussão sobre o funcionamento psíquico e sobre o modo como operam os aspectos cindidos do si mesmo. No caso dessa paciente, isso fica muito claro. A produção abundante de sonhos, de associações, de enlaces transferenciais é um prato cheio. A paciente histérica dá a conhecer seu mundo interno por meio de uma rica produção simbólica.

No que diz respeito à discussão técnica, fica claro quanto, a nosso ver, o papel do analista vai muito além de interpretar os aspectos inconscientes que emergem na relação de transferência e inclui o oferecimento de sustentação ambiental. Isso significa dizer que, no atendimento dessa paciente, ao mesmo tempo que lança mão da interpretação, o analista precisa fazer o papel de reconhecer os aspectos dela que careciam de reconhecimento em uma relação intersubjetiva, precisa criar um *setting* analítico que cumpra as funções de delimitar, conter e proteger, precisa se oferecer para o jogo com ela e, ao mesmo tempo, manter-se em reserva.

As contribuições mais conhecidas de Fairbairn foram feitas na década de 1940 e giraram em torno do fenômeno da esquizoidia, ainda que ele tenha ampliado a compreensão sobre esse fenômeno a ponto de ter postulado que a estrutura psíquica necessariamente seja fundada em uma base esquizoide. A nosso ver, na discussão do caso, fica claro que o alcance clínico das contribuições do autor vão para além da discussão sobre um determinado tipo de paciente e se estendem para a compreensão das bases psicopatológicas do psiquismo humano.

Algumas palavras finais

Ao longo de seus textos mais importantes, veremos Fairbairn reiterar à exaustão a oposição entre aquilo que ele estava propondo e o que tinha sido proposto por Freud, o que o leva a se proclamar como alguém que superou o pai da psicanálise. Há um esforço constante de diferenciação, expresso por uma necessidade de reiterar as divergências.

Todas essas bifurcações demarcadas pela obra de nosso autor colocam para o leitor uma necessidade imediata de se posicionar. Trata-se realmente de um novo modelo teórico no âmbito da psicanálise? Seus argumentos são realmente suficientes para abalar os alicerces do modelo freudiano[2]?

Alguns autores, se não chegaram a responder afirmativamente às duas perguntas, pelo menos identificaram em Fairbairn o iniciador de um processo de ruptura essencial. Dentre esses autores, podemos mencionar Sutherland (1980), Guntrip (1961), Scharff & Birtles (1994) e, principalmente, Greenberg & Mitchell (1983) e Mitchell (2000).

Consideramos singulares e refrescantes os sentidos que Fairbairn confere à libido. Entretanto, ao longo do presente livro, nosso interesse não foi usá-los para reforçar a posição

[2] Designar o outro como oponente é tomá-lo como idêntico a si mesmo. Só é possível contrapor-se categoricamente a um autor se silenciarmos todas as ambiguidades e as nuances de uma obra. Isso torna-se especialmente problemático quando estamos diante de uma obra polifônica, como é o caso da obra freudiana.

de que o modelo freudiano foi superado. Basear nossa leitura do autor em termos tão absolutos, como ruptura ou novo modelo, nos faria ter de abrir mão de todas as ambiguidades, as polifonias, as afirmações laterais da obra em prol de uma leitura unívoca, coesa, combativa.

Para Fairbairn (1940), as inevitáveis relações traumáticas com a mãe estão na origem da constituição do terrível universo interno, marcado por relações imutáveis entre objetos infinitamente maus ou excitantes, de um lado, e partes do self frágeis e infantis, de outro. Esse universo é muito familiar para os indivíduos com características marcadamente esquizoides. Desse modo, o atendimento desses pacientes é uma oportunidade ímpar para investigar os processos que fundam a estrutura da personalidade.

A concepção de mundo interno defendida por Fairbairn, sem dúvida nenhuma inspirada pela discussão de Freud sobre o superego e, mais ainda, pelas teorizações propostas por Klein, é uma maneira muito sofisticada de se referir ao modo como as experiências infantis constituem a estrutura da personalidade. Ao mesmo tempo que estabelece uma linha de continuidade entre os aspectos patológicos do psiquismo e as experiências traumáticas vividas com os objetos primordiais, esse modo de conceber as coisas refuta qualquer possibilidade de estabelecer relações simplistas de causa e efeito. É preciso considerar que as interações da criança com o ambiente vão moldando, ao longo do tempo, as estruturas internas. A introjeção dos objetos internos, portanto, é o resultado de um processo longo, composto por uma profusão de experiências, e não por acontecimentos isolados. Além disso, a relação da criança com o ambiente passa a estar, a partir de um determinado momento, atravessada pela presença constante e ruidosa dos objetos internos, o que torna as coisas ainda mais complexas.

Um sistema teórico tão sofisticado como esse só poderia ser construído em um ambiente de pesquisa muito específico: o *setting* analítico, esse dispositivo poderoso de investigação dos processos mentais criado por Freud. Em um processo de análise, todas as nuances desses processos se desvelam vagarosamente, sempre de modo incompleto, ao olhar integrador do psicanalista.

Fairbairn, ancorado nesse *setting* de investigação, ficou fascinado com a prevalência do fenômeno da esquizoidia, que parecia residir na base da estruturação da personalidade de todos os seus pacientes: histéricas, soldados, crianças... Partindo disso, nosso autor erigiu todo um sistema teórico muito original no âmbito da psicanálise.

Apesar de fascinado por aquilo que o *setting* analítico lhe permitia vislumbrar, Fairbairn não cansava de reiterar que o psicanalista não era e não podia pretender ser alguém que se limita a investigar o modo de funcionar dos pacientes. Há, propõe nosso autor, uma implicação necessária do psicanalista com seus pacientes que não condiz com o princípio da neutralidade que, supostamente, rege a prática do cientista (e do psicanalista "ortodoxo").

Desse modo, nenhuma clínica pode viver somente de *insights* formidáveis sobre o funcionamento do mundo interno. Qualquer análise que se preze desenrola-se em uma relação transferencial, e os processos de transformação mais importantes dão-se necessariamente na relação corpo a corpo entre paciente e analista.

No caso dos pacientes esquizoides de Fairbairn, talvez o aspecto mais marcante deles seja o contraste entre a familiaridade com que transitam nos meandros do terrível universo interno e o jeito trôpego, atrapalhado de se relacionar com o universo externo, com os outros.

Essa distinção que estamos propondo entre a familiaridade do paciente esquizoide com o funcionamento de seu mundo interno e sua dificuldade de se relacionar com os outros, de alguma forma, se reproduz na obra de Fairbairn. Suas construções sobre o mundo interno são grandiosas e o tornaram uma referência importante na tradição psicanalítica. Entretanto, há construções mais incipientes, inacabadas sobre os processos intersubjetivos que também comparecem em sua obra e que, até hoje, receberam muito menos atenção.

Como buscamos demonstrar, nos momentos grandiosos, Fairbairn trouxe contribuições importantes para a discussão sobre as forças libidinais e propôs um novo modelo de estrutura mental que incorporou em sua própria estrutura uma concepção do desenvolvimento inicial primitivo.

Por outro lado, nas passagens menos conhecidas de sua obra, o autor trouxe para a psicanálise, de modo rudimentar, contribuições originais sobre a brincadeira e a arte. Também se permitiu recriar o *setting* psicanalítico de modo a adaptá-lo às necessidades emocionais de seus pacientes. Lançou novas luzes para a discussão sobre a experiência de perda e o sentimento de culpa. Propôs, a partir de sua experiência pessoal, um novo modo de compreender a repercussão das experiências traumáticas na relação do sujeito com seu corpo.

Ao longo do presente livro buscamos dar o devido destaque aos *insights* fundamentais de nosso autor sobre o funcionamento do mundo interno. Ao mesmo tempo, salientamos também as passagens menos conhecidas de sua obra, as construções mais incipientes, inacabadas, mas nem por isso menos relevantes ou menos férteis.

Referências

BALINT, M. (1957) Criticism of Fairbairn's generalization about object-relations. In: SCHARFF, D. & BIRTLES, E. (Org.) *From instinct to self*: selected papers of W. R. D. Fairbairn. London: Jason Aronson, 1994; v.1.

BIRTLES, E. & SCHARFF, D. Introduction: working towards the theory of object relations. In: SCHARFF, D. & BIRTLES, E. (Org.) *From instinct to self*: selected papers of W. R. D. Fairbairn. London: Jason Aronson, 1994; v. 2.

BOLLAS, C. *Hysteria*. São Paulo: Escuta, 2000.

CELANI, D. Structural sources of resistance in battered women: a fairbairnian analysis. In: SKOLNICK, N. & SCHARFF, D. (Org.) *Fairbairn then and now*. New York: The Analytic Press, 1998.

CELES, L. A.; ALVES, K. C. M. & SANTOS, A. C. G. Uma concepção psicanalítica de personalidade: teoria das relações objetais de Fairbairn. *Psicologia em estudo*, v. 13, n. 1, pp. 53-61, 2008.

FAIRBAIRN, W. D. R. (1932) The nervous child. In: SCHARFF, D. & BIRTLES, E. (Org.) *From instinct to self*: selected papers of W. R. D. Fairbairn. London: Jason Aronson, 1994, v. 1.

______. (1934) Imagination and child development. *Op. cit.*

______. (1936) A critique of educational aims. *Op. cit.*

______. (1937) The arms and the child. *Op. cit.*

______. (1938a) Prolegomena to a psychology of art. *Op. cit.*

______. (1938b) The ultimate basis of aesthetic experience. *Op. cit.*

______. (1939a) Psychology as a prescribed and as a proscribed subject. *Op. cit.*

______. (1939b) Sexual delinquency. *Op. cit.*

______. (1940) Schizoid Factors in the personality. In: *Psychoanalytic studies of the personality*. London: Tavistock, 1952.

______. (1941). A revised psychopatology of the psychoses and psychoneuroses. *Op. cit.*

______. (1943a) The repression and the return of bad objects (with special reference to the war neuroses). *Op. cit.*

______. (1943b) The war neuroses: their nature and significance. *Op. cit.*

______. (1944) Endopsychic structure considered in terms of object-relations. *Op. cit.*

______. (1946) Object-relationship and dynamic structure. *Op. cit.*

______. (1949) Steps in the development of an object-relations theory of the personality. *Op. cit.*

______. (1951) A synopsis of the development of the author's views regarding the structure of the personality. *Op. cit.*

______. (1952) Experimental aspects of psychoanalysis. In: SCHARFF, D. & BIRTLES, E. (Org.) *From instinct to self:* selected papers of W. R. D. Fairbairn. London: Jason Aronson, 1994, v.2.

______. (1954) On the nature of hysterical states. *Op. cit.*

______. (1955) In defence of object relations theory. *Op. cit.*

______. (1956a) The Schreber case. *Op. cit.*

______. (1956b) Reevaluating some basic concepts. *Op. cit.*

______. (1957) Psychoanalysis and mental health. *Op. cit.*

______. (1958) On the nature and aims of psychoanalytical treatment. *Op. cit.*

FIGUEIREDO, L. C. Subjetivação e esquizoidia na contemporaneidade: questões metapsicológicas. In: *Elementos para a clínica contemporânea*. São Paulo: Escuta, 2003.

FIGUEIREDO, L. C. & ARAUJO, T. *Fairbairn em sete lições*. São Paulo: Escuta, 2013.

GREENBERG, J. R. & MITCHELL, S. A. *Object relations in psychoanalytic theory*. London: Harvard University Press, 1983.

GROTSTEIN, J. Endopsychic structure and the cartography of the internal world: six endopsychic characters in search of an author. In: GROTSTEIN, J. & RINSLEY, D. (Org.) *Fairbairn and the origins of object relations*. New York & London: The Guilford Press, 1994.

______. *Who is the dreamer who dreams the dream?* A study of psychoanalytic presences. Hillsdale. New Jersey: Analytic Press, 2000.

GROTSTEIN, J. & RINSLEY, D. (Org.). *Fairbairn and the origins of object relations*. New York & London: The Guilford Press, 1994.

GUNTRIP, H. *Personality structure and human interaction*: the developing synthesis of psycho-dynamic theory. London: Karnac Books, 1961.

______. My experience of analysis with Fairbairn and Winnicott: how complete a result does psycho-analytic therapy achieve? *International Review of Psycho-Analysis*, v. 2, pp. 145-156, 1975.

______. My experience of analysis with Fairbairn and Winnicott. *The International Journal of Psychoanalysis*, v. 2, n. 2, pp. 145-156, 1977.

KERNBERG, O. A contemporary exploration of the contributions of W. R. D. Fairbairn. In: PEREIRA, F. & SHARFF, D. (Org.) *Fairbairn and relational theory*. London: Karnac, 2002.

KLEIN, M. (1946) Notas sobre alguns mecanismos esquizóides. In: KLEIN, M., HEIMANN, P., ISAACS, S. & RIVIERE, J. (Org.) *Os progressos da psicanálise*. Rio de Janeiro: Zahar, 1982.

______. (1948) Sobre a teoria de ansiedade e culpa. *Op. cit.*

MITCHELL, S. The origin and nature of the 'object' in the theories of Klein and Fairbairn. In: GROTSTEIN, J. & RINSLEY, D. (Org.) *Fairbairn and the origins of object relations*. New York & London: The Guilford Press, 1994.

______. Fairbairn's object seeking: between paradigms. In: *Relationality*: from attachment to intersubjetivity. New York: Routledge, 2000.

OGDEN, T. Why read Fairbairn? *International Journal of Psychoanalysis*, v. 91, n. 1, pp. 101-118, 2010.

PADEL, J. 'Narcissism' in Fairbairn's theory of personality structure. In: GROTSTEIN, J. & RINSLEY, D. (Org.) *Fairbairn and the origins of object relations*. New York & London: The Guilford Press, 1994.

PEREIRA, F. & SHARFF, D. (Org.) *Fairbairn and relational theory*. London: Karnac, 2002.

PONTALIS, J. O psiquismo como dupla metáfora do corpo. In: *Entre o sonho e a dor*. São Paulo: Ideias e Letras, 2005.

RINSLEY, D. A reconsideration of Fairbairn's 'original object' and 'original ego' in relation to borderline and other self disorders. In: GROTSTEIN, J. & RINSLEY, D. (Org.) *Fairbairn and the origins of object relations*. New York & London: The Guilford Press, 1994.

RUBENS, R. (1994) Fairbairn's structural theory. *Op. cit.*

SCHARFF, D. Object construction, object sorting, and object exclusion: implications of family and marital therapy for object relations theory. In: SKOLNICK, N. & SCHARFF, D. (Org.) *Fairbairn then and now*. New York: The Analytic Press, 1998.

SCHARFF, D. & BIRTLES, E. Editor's introduction: Fairbairn's contribution. Introduction to part I. Introduction to part II. In: *From instinct to self*: selected papers of W. R. D. Fairbairn. London: Jason Aronson, 1994, v.1.

SKOLNICK, N. & SCHARFF, D. (Org.) *Fairbairn then and now*. New York: The Analytic Press, 1998.

SUTHERLAND, J. The British object relations theorists: Balint, Winnicott, Fairbairn, Guntrip. *Journal of the American Psychoanalytic Association*, v. 28, n. 4, pp. 829-860, 1980.

______. *Fairbairn's journey into the interior*. London: Free Association Books, 1989.

WINNICOTT, D. W. (1951) Transitional objects and transitional phenomena. In: *Through pediatrics to psycho-analysis:* collected – papers. New York: Brunner-Routledge, 1992.

______. (1962) The aims of psycho-analytical treatment. In: *The maturational processes and the facilitating environment*. London: Hogarth Press, 1965.

______. (1963) The development of the capacity for concern. *Op. cit.*

WINNICOTT, D. & KHAN, M. (1953) Review of psychoanalytic studies of the personality. In: WINNICOTT, D. *Psycho-analytic explorations*. Cambridge: Harvard University Press, 1992.